네 약함이 축복이라

네 약함이 축복이라

이효진

규장

약함이 준 소중한 선물

절망의 끝에서 성령님을 만나 동행한 지 8년째입니다. 그동안 함께
하시고 인도해주신 하나님께 모든 감사와 찬양과 영광을 올려드립
니다. 제게 정말 영광스러운 별명인 '미스 헤븐'을 지어주시고 세상
가운데 파송하신 분이 바로 하나님이십니다. 하나님께서 하나님나
라의 홍보대사로 명하셨고, '네 약함을 자랑하라'라고 하셨습니다.

그 이후 제 약함을 자랑하는 곳이면 어디든지 달려갔습니다. 제
가 갔다기보다는 아버지의 손을 잡고 함께 갔다는 표현이 더 정확
할 것 같습니다. 무슨 말을 어떻게 전해야 할지 알 수 없을 때 '내가
네 입에 할 말을 심어줄 것이니 두려워하지 말라'라고 하시며 격려해
주셨던 성령님의 음성이 큰 위로가 되었습니다.

그렇게 하나님의 말씀에 순종했을 뿐인데 하나님께서는 제가 상
상할 수 없는 귀한 선물들을 주셨습니다. 가끔 '하나님의 말씀에
순종하지 않고 내 약함을 자랑하지 않았다면 어떻게 되었을까' 생
각만 해도 끔찍합니다.

첫 책을 통해 하나님께서는 배우자를 허락해주셨고, 사랑스러운 딸과 아들, 세상에 둘도 없는 아름답고 선한 시댁 식구들을 선물해주셨습니다. 그래서 가끔 마지막 시대를 향해 가는 이 시점에서 '나만 이렇게 행복해도 되는 건가, 내가 과연 십자가의 길을 가고 있는 것인가'라는 의문을 품기도 했습니다.

그런 마음으로 기도했을 때 하나님께서는 제게 '아름다운 가정의 모델'이라는 새로운 비전을 주셨습니다. 이혼율 1위, 자살률 1위인 우리나라의 무너져가는 가정들을 보시며 아파하시는 하나님의 마음이 느껴졌습니다.

새로운 비전과 꿈을 품고 나니 정원사가 정원을 가꾸듯 가정을 늘 아름답게 가꾸어야 한다는 생각이 들었습니다. 그래서 하나님께 지혜를 달라고 기도했습니다. 성령님은 남편을 어떻게 사랑해야 하는지 아이들을 어떻게 키워야하는지를 가르쳐주셨습니다.

그럴 즈음 규장의 여진구 대표님이 연락을 하셨습니다. 기도 중에 하나님께서 두 번째 책에 대한 마음을 주셨다고 하면서 제게도 기도해보라고 하셨습니다. 아주 먼 훗날에 하나님께서 함께하시는 가정에 대해 말하게 될 줄 알았는데 아직 한창 진행 중인 이야기를 책으로 써야 한다는 게 큰 부담으로 제게 다가왔습니다. 그러나 하나님의 생각은 제 생각과 다르셨습니다. 하나님께서는 '삶의 증인이 되어라'라고 말씀하셨고, 그 말씀에 순종하여 이 책을 내게 되었습니다.

　　저는 이 책을 통해 무너지고 아파하는 가정들이 치유되고 회복되는 꿈을 꾸며 기도하고 있습니다. 먼저 하나님을 생명 다해 사랑하고 그분의 말씀에 순종한다면 아내나 남편을 사랑하게 될 것이고, 부모에게 순종하게 될 것이며, 자녀들을 주의 훈계로 양육하게 될 것입니다.

　　제 약함까지 그대로 사랑해주고 격려해주는 남편에게 진심으로 감사와 사랑을 전합니다. 늘 부족한 제게 아낌없이 사랑을 부어주시는 시부모님과 부모 공경의 본을 보여주는 시누이 부부와 사랑스런 조카들에게도 감사를 전합니다.

저를 낳으시고 길러주신 엄마(2002년 소천)와 사랑하는 아빠, 늘 기도로 후원해주는 오빠, 이희준 목사님(강릉빛내리교회)과 언니와 남동생, 사랑스런 조카들에게도 감사와 사랑을 전합니다. 또한 제게 성령님을 소개해주신 손기철 장로님과 HTM 가족들에게도 진심으로 감사를 전합니다. 책을 통해 남편인 김필겸 전도사를 만나게 해주신 여진구 대표님께 정말 감사드립니다.

제게 따스한 음성으로 위로와 사랑을 부어주시고 때론 책망도 아끼지 않으시고 인도해주시며, 단 일 초도 저를 떠나지 않고 함께하시는 성령님께 이 책을 바칩니다. 영원토록 하나님을 찬양하고 경배합니다. 오직 하나님만 홀로 영광 받으시옵소서!

차 례

Part 2

약함에 허락된 축복

Part 3

약함 가운데 부어지는 사랑

제게 화상은 더 이상 장애가 아니고 하나님을 만날 수 있는 영광의 상처가 되었습니다. 또 그로 인해 상처 입은 사람들에게 가까이 다가갈 수 있었고, 구원의 복음을 전할 수 있었습니다. 그리고 결혼할 수 없을 거라는 고백은 어느새 '제 아담을 찾아주세요'라는 당당한 기도로 바뀌어 있었습니다.

약함의
은혜

1

연약함의
선물

나는 결혼할 수 없을 거야

"효진아, 너는 나중에 결혼은 못 하겠다."

초등학교 때 한 친구가 제게 다가와서 말했습니다. 제가 이유를 묻자 친구는 "이런 화상 흉터를 보고 누가 너랑 결혼하겠니"라고 말했습니다. 친한 친구의 말에 제 마음은 큰 상처를 입었습니다. 저는 이미 초등학교 때 자존감이 바닥까지 내려갔고, 스스로를 무가치한 존재라고 여기며 이 땅에 태어나지 말았어야 한다는 생각을 하며 살았습니다.

꽃다운 스무 살, 여대생으로의 첫발을 내딛으면서부터 저를 기다리고 있던 것은 눈물과 절망뿐이었습니다. 아름다운 교정에서는 예쁜 친구들이 밝고 환하게 빛나고 있었습니다. 그러나 그 모습은 마치 초라한 저를 조롱하는 것처럼 보였고, 제가 설 자리가 점점 없어지는 것 같았습니다.

친구들은 늘 미팅과 소개팅, 남자친구와 외모에 대한 이야기를 나누었습니다. 그들은 20대의 젊음을 맘껏 누리고 있었지만 저는 점점 더 시들어만 갔습니다. 아무도 놀리지 않아도 고개를 들 수 없었고, 결국 세상에서 조용히 사라지는 것만이 최선이라는 생각을 했습니다. 누구에게도 사랑받을 수 없고, 결혼도 취업도 할 수 없을 것 같은 절망감에 숨쉬기조차 힘들었습니다.

하나님의 놀라운 은혜로 그 끔찍한 시도는 실패로 끝났지만 화상으로 인해 생긴 열등감과 낮은 자존감으로 서른네 살까지 절망과 고통의 시간을 보냈습니다. 교회에 다니고 예수님을 믿는다고 하면서도 그 고통은 여전히 있었고, 평생 제가 짊어져야 할 십자가라고만 생각했습니다. 그러나 성령세례를 통해 예수 그리스도의 영이신 성령님이 제 안에 계신다는 것을 깨달으면서부터 상처와 열등감에서 벗어날 수 있었습니다. 그것은 마치 사도 바울이 다메섹에서 예수님을 만난 사건처럼 제 삶을 송두리째 바꾸는 놀라운 일이었습니다.

저는 감사함으로 주님께 생명을 드리겠다고 고백했습니다. 예수님께서 이루신 십자가는 단번에 드려졌던 제사였기에 제가 짊어질 것은 하나도 없다는 것을 알게 되었습니다. 내면의 깊은 상처들이 하나씩 치유되기 시작했습니다.

세상의 어떤 말로도 위로받을 수 없었는데 예수님께서는 제게 친히 '사랑한다'라고 말씀하셨습니다. 그분의 죽음으로 증명하신 그 사랑 앞에 눈물밖에 나지 않았습니다.

하나님의 치유법은 참으로 단순했습니다. 기도하려고 눈만 감으면 '참으로 어여쁘고 어여쁘구나'라고 하셨습니다. 외모를 보지 않고 중심을 보시는 그분은 제게 '미스 헤븐'이라는 별명을 지어주시고, 세상 가운데 주님의 증인으로 살도록 이끄셨습니다.

제게 화상은 더 이상 장애가 아니고 하나님을 만날 수 있는 영광의 상처가 되었습니다. 또 그로 인해 상처 입은 사람들에게 가까이 다가갈 수 있었고, 구원의 복음을 전할 수 있었습니다. 그리고 결혼할 수 없을 거라는 탄식은 어느새 '제 아담을 찾아주세요'라는 당당한 기도로 바뀌었습니다.

하나님, 저도 결혼하고 싶어요

미스 헤븐으로서의 삶은 이전과는 전혀 다른 새로운 삶이었습니다. 제 안에 계신 예수님으로 인해 속사람이 변했고 당당해졌습니다. 평생 결혼할 수 없을 것 같다는 생각이 그리스도 안에서 깨지고 나니 아름다운 가정에 대한 소망이 생겼습니다. '태초에 아담을 창조하시고 혼자 사는 것이 보시기에 좋지 않아서 하와를 지어주신 하나님이시라면 내 아담도 어딘가에 예비해두셨을 거야'라는 생각이 들었습니다. 그래서 하나님께 제 아담을 찾아달라고 기도해야겠다고 결심했습니다.

> 여호와 하나님이 이르시되 사람이 혼자 사는 것이 좋지 아니하니 내가 그를 위하여 돕는 배필을 지으리라 하시니라 창 2:18

하나님께 '배우자를 보내주세요'라고 하는 대신 '예비하신 배우자를 보내주셔서 감사합니다'라고 기도했습니다. 하나님은 눈에 보이지 않는 것을 보이는 것처럼 부르길 좋아하시기 때문입니다. 아브라함에게 자녀가 없을 때도 '열방의 아비'라는 뜻의 '아브라함'이라고 부르셨고, 그의 자손이 하늘의 별과 같이 많을 거라고 말씀하시면서 밤하늘을 바라보게 하셨습니다. '아브라함의 하나님이 나의 하나님'이라는 믿음은 이미 제 사업장인 예인건축연구소를 선물로 받으면서 검증되었기 때문에 또다시 이 믿음대로 구했습니다.

> 믿음은 바라는 것들의 실상이요 보이지 않는 것들의 증거니 히 11:1

배우자 기도를 시작한 지 며칠 후, 퇴근길에 집 앞에 있는 교회에 들어가서 뜨겁게 기도했습니다. 한 시간 가까이 기도하는데 환상 같은 것이 보였습니다. 한 형제가 맑고 고요한 바다 위에 떠 있는 커다란 배를 타고 있었습니다. 그는 아주 밝고 환하게 웃고 있었습니다. 마치 영화의 한 장면을 보는 것처럼 선명했습니다.

하나님께서 배우자를 예비하셨다는 확신이 들었고, 미리 환상으로 보여주신 것은 믿음으로 기다릴 수 있게 하기 위해서라는 생각이 들었습니다. 그래서 어딘가에 있을 그를 더 가깝게 느낄 수 있도록 별명을 지어야겠다고 생각했습니다. 그래서 '하나님나라에서 호랑이보다 더 용맹한 용사'라는 뜻의 '용호씨'라고 지었습니다.

제 입술에 예수님의 능력과 권세를 주셨다고 했으니 매일 그의 별명을 부르며 기도하면 어느 순간 용맹한 용호씨가 제 앞에 나타날 것 같았습니다. 이후 그를 위한 기도를 때와 장소를 가리지 않고 했습니다.

'아빠, 우리 용호씨 잘 지내죠? 그를 건강하게 지켜주시고, 그가 성령충만한 하루를 보낼 수 있게 해주세요.'

그러던 어느 날, 그에게 편지를 보내고 싶었습니다. 남자친구를 군대에 보낸 셈치고 매일 연애편지를 썼습니다. 편지를 다 쓰고 나서는 '성령님, 이 편지를 용호씨에게 꼭 전달해주세요'라고 기도했습니다. 제 머릿속에는 '내가 이렇게까지 하는데 설마 하나님께서 응답하지 않으실 수 있을까'라는 계산도 있었습니다. 응답하지 않으시면 나중에 천국에 가서 꼭 따져야겠다는 각오로 그를 기다리며 간절히 기도했습니다.

구하라 그리하면 너희에게 주실 것이요 찾으라 그리하면 찾아낼 것이요 문을 두드리라 그리하면 너희에게 열릴 것이니 구하는 이마다 받을 것이요 찾는 이는 찾아낼 것이요 두드리는 이에게는 열릴 것이니라
마 7:7,8

배우자에게 보내는 편지

🌿2008년 7월 11일
하나님 아버지,
주님께서 예비하신 미래의 배우자를 위해 기도합니다.
그를 하나님나라의 용사로 세워주시고,
그가 호랑이처럼 용맹하여 주님께서 주신 사명을
잘 감당할 수 있도록 기도드립니다.
언제나 주님의 마음을 흡족케 하며 기쁘게 하는
아들이 되게 해주세요.

그가 아침저녁으로 기도하게 하시며

날마다 그에게 기름을 부어주세요.

꺼지지 않는 등불이 되어 사람들에게 빛을 비추게 해주세요.

그가 하는 일을 형통케 하사 근심이 없게 해주시고,

복에 복을 더하사 환난에서 벗어나게 해주세요.

우리가 만났을 때 서로가 서로를 알아보게 해주시고

주님을 사랑하듯 저를 아끼고 사랑할 수 있도록 해주세요.

제 모든 눈물을 닦아주는 따뜻한 마음과

부드러운 손을 갖게 해주세요.

그의 마음이 바다처럼 넓고 하늘처럼 높고 깊어서

오직 주님의 마음에 합한 자이기를 간절히 소망합니다.

제 모든 기도에 이미 응답하신 주님께 감사드리며

예수 그리스도의 이름으로 기도합니다. 아멘.

🌿 2008년 7월 15일

사랑과 은혜가 풍성하신 하나님,

저를 위해 예비하신 배우자가 오직 겸손하여

주님을 기쁘게 하는 아들이기를 소망합니다.

그가 하나님을 사랑하는 그 마음으로

저도 사랑하게 해주세요.

그가 먼저 저를 알아보게 해주세요.

그가 저로 인해 기뻐하게 해주세요.

주님, 그의 모든 행사를 형통케 하시며

하나님 보시기에 행실이 바르며 정직하게 해주세요.

그가 온전히 하나님을 경배하고 높이게 해주세요.

주님, 예비하신 제 배우자를 속히 만날 수 있게 해주세요.

예수님의 이름으로 기도합니다. 아멘.

🌿 2008년 7월 25일

사랑이 많으신 하나님,

용호씨가 세상을 사랑하지 않고

오직 하나님 한 분만 사랑하게 해주세요.

일만 악의 뿌리가 되는 돈을 사랑치 말며

오직 하나님만 사랑하게 해주세요.

그가 자신도 모르게 마음속으로 섬긴 우상들을 버리고

오직 하나님만 사랑하게 해주세요.

하나님이 먹지 말라고 한 선악과를 먹지 않도록 지켜주세요.

오직 그 마음을 지켜주세요.

마음의 생각을 따라 들어오는 작은 죄라도

잉태하지 않도록 보혈로 덮어주세요.

주야로 하나님의 말씀을 묵상하게 해주세요.

죄에서 종노릇하지 않게 하시며 불의의 병기가 아닌

오직 하나님의 의의 병기가 되게 해주세요.

오늘도 그가 만나는 모든 사람들을 축복하시고

그를 축복의 통로로서 사용해주세요.

성령님이 도우사 연약한 육신을 이기게 하시고

갑절의 기름부으심으로 임하사 승리하게 해주세요.

오늘도 배우자를 위해 기도하게 하시니 감사드리며

예수 그리스도의 이름으로 기도합니다. 아멘.

🌿 2008년 11월 15일

보고 싶은 용호씨,

무더운 여름과 선선한 가을을 지나 벌써 초겨울이 되었네요.

가로수 길을 운전하다보면 노란 낙엽들이

눈처럼 아름답게 떨어집니다.

이 길을 함께 걸어보고 싶다는 생각을 처음으로 해봅니다.

이제 곧 추운 한겨울이 오겠지요.

오늘 아침에 용호씨를 위해 기도하던 중에

갑자기 아브라함이 참 존경스럽다는 생각을 했습니다.

이삭을 주시겠다는 하나님의 약속과

응답을 받기까지의 긴 인내의 시간들.
하지만 저는 언제까지 기다릴 수 있을지 잘 모르겠어요.
답장이 없는 이 편지도 언제까지 쓸 수 있을지….

용호씨, 올해가 지나가는 게 정말 아쉬워요.
하루하루 소중한 시간들과
하나님께서 주실 많은 시간들을
하나님의 사랑과 이웃을 향한 사랑으로
가득 채우시길 기도합니다.
당신으로 인해 하나님께서 날마다 기뻐하시길 기도합니다.
당신의 심장에 심긴 하나님의 사랑,
그 사랑이 날마다 흘러 열방을 향해 뻗어나가기를 소망합니다.
당신의 두 손이 하나님을 향하고,
두 발이 하나님나라를 증거할 수 있게 되기를 소망합니다.
당신의 기도 골방이 성령의 뜨거운 열기로 가득하기를,
당신의 머리에서 발끝까지 성령님의 임재하심과
하나님의 영광이 가득하길 소망하며 기도합니다.
추운 겨울에도 언제나 건강하시기를 바라며
언젠가는 읽을 이 편지를 보냅니다.

긴 기다림

긴 기다림은 사람을 지치게 합니다. 때로는 낙담과 절망으로 아무 일도 하지 못할 때도 있었습니다. 사탄은 끊임없이 제 마음에 부정적인 생각을 심었습니다. 용호씨를 기다린 지 일 년이 지났을 즈음, 조바심이 나기 시작했습니다.

'정말 용호씨가 있을까? 내가 결혼하고 싶어서 좀 이상해진 건 아닐까? 사람들이 날 보면 제정신이 아니라고 하겠지?'

현실을 바라보면서 자기 연민과 슬픔에 빠졌습니다. '하나님께서 보시기에만 예쁘지, 어떤 남자가 나를 사랑할 수 있겠어'라는 생각에 많은 눈물을 흘렸습니다. 그러나 그때마다 예수님의 이름으로 그런 생각들을 물리치고 대적하려고 노력했습니다.

사실 제게 있어 배우자 기도는 사람의 방법으로 이룰 수 있는 게 아니었습니다. 소개팅이나 선으로는 첫눈에 사랑에 빠지기가 어려웠습니다. 오직 하나님만이 해결하실 수 있었습니다. 그러나 2년간 배우자 기도를 하면서 지치고 낙담될 때마다 하나님께서는 한결같이 말씀하셨습니다.

'조금만 기다려라, 그가 너를 반드시 만나러 올 것이다.'

'하나님, 대체 언제 오는데요?'

'내가 속히 이룰 것이니 걱정하지 마라.'

도저히 제 생각과 머리로는 납득할 수 없는 응답이었습니다. 그

리고 하나님의 '속히'와 우리의 '속히'가 다르다는 것을 잘 알기에
더 힘들었습니다.

'아브라함에게 자손을 약속하시고 백 세까지 기다리게 하신 하나
님이시니 나도 할머니가 돼서 용호씨를 만날 수도 있겠구나.'

시간이 지날수록 희망은 점점 희미해졌습니다.

'하나님, 용호씨가 먼저 온다고 하셨잖아요. 그런데 머리카락도
보이질 않아요. 기다리는 게 너무 힘들어요.'

이런 제게 하나님은 늘 동일하게 말씀하셨습니다.

'그가 먼저 네게 올 것이고, 너를 먼저 알아볼 것이다.'

애타게 기다리다보니 때로는 스스로 잘못된 음성을 듣고 있는 것
같다는 의심이 들기도 했습니다. 그때마다 이 말씀이 떠올라 다시
힘을 얻었습니다.

무엇이든지 기도하고 구하는 것은 받은 줄로 믿으라 그리하면 너희
에게 그대로 되리라 막 11:24

너희가 악할지라도 좋은 것을 자식에게 줄 줄 알거든 하물며 너희 하
늘 아버지께서 구하는 자에게 성령을 주시지 않겠느냐 눅 11:13

하나님께서는 저보다 더 간절한 마음으로 말씀하셨습니다.

'효진아, 조금만 더 기다려다오.'

이런 하나님의 애타는 마음을 헤아리며 저는 계속 기다렸습니다.

너희에게 인내가 필요함은 너희가 하나님의 뜻을 행한 후에 약속하신
것을 받기 위함이라 히 10:36

그를 만났나요?

성령님의 이끄심으로 첫 책인 《네 약함을 자랑하라》를 2009년에
출간한 이후 CTS 기독교TV '내가 매일 기쁘게'에 출연하게 되었습
니다. 담당 작가는 '용호씨를 위한 기도' 부분이 좋다면서 어딘가에
있을 그에게 영상 편지를 하자고 제안했습니다. 부끄럽기도 하고
그렇게까지 했는데 못 만나면 창피할 것 같다는 생각에 정중히 거
절했습니다.

방송이 시작되고 아나운서가 "효진자매님, 용호씨에게 한마디 해
보세요"라고 하자 저도 모르게 "용호씨, 기다리고 있어요. 빨리 오
세요"라고 고백했습니다. 평소 그와 대화하던 습관에 대본에도 없
던 말이 나왔습니다. 이후에 영상 편지를 빼달라고 요청했지만 그
대로 방송에 나가고 말았습니다.

다음 날부터 형제들로부터 수많은 메일과 전화가 쏟아졌고, 만

나고 싶다는 형제들이 줄을 섰습니다. 어떤 권사님은 며느리로 맞고 싶다고 하셨고, 어떤 자매님은 자신의 남동생에게 소개하고 싶다고 했습니다. 마치 꿈을 꾸는 것만 같았습니다.

'아빠, 용호씨가 누군지 모르겠어요. 갑자기 한꺼번에 많이 보내주시면 어떻게 해요? 분별력을 주셔서 진짜 용호씨가 누구인지 알아보게 해주세요.'

정말로 후히 흔들어 넘치도록 안겨주시는 하나님이셨습니다. 하나님의 크신 위로라는 생각이 들었습니다. 어린 시절부터 받은 멸시와 천대를 한꺼번에 보상해주시는 것 같았습니다.

제가 배우자를 기다리며 기도하는 동안 함께 중보해주신 분들이 참 많았습니다. 그런 기도의 용사들이 함께해주지 않았다면 혼자 감당하기 힘들었을 것입니다. 특히 규장출판사의 여진구 대표님은 첫 책을 출간하면서부터 중보해주셨습니다. 이 책을 통해 용호씨를 만나게 될 거라는 응답을 받으셨는지 만날 때마다 물어보셨습니다.

"효진자매, 용호씨 만났어요?"

"아니요, 아직이요."

저는 풀 죽은 목소리로 대답했습니다. 많은 분들이 관심을 가져주실 때마다 조용히 기도할 것을 괜히 나눴다는 후회가 들었습니다. 그러나 하나님의 방법은 달랐습니다. 마치 소설에서나 나올 법

한 이야기가 펼쳐졌고, 정말 신비한 방법으로 그가 제 앞에 나타났습니다.

누가 내 짝일까

저는 용호씨가 하나님나라와 의를 구하는 용사이기를 바랐습니다. 오직 성령충만함으로 하나님을 기쁘게 하는 사람이면 충분했습니다. 그런데 많은 분들이 배우자 기도는 구체적으로 해야 한다고 조언해주셨고, 저 역시 그렇게 기도했습니다.

저는 세 살 연상이면서 자신의 사업체로 하나님나라를 확장해가는 형제를 바라고 기도했습니다. 또 이왕이면 저보다 키가 더 컸으면 좋겠다고 생각했습니다. 그러나 절대적인 조건은 아니었습니다.

그렇게 연락을 해온 형제 중 용호씨 후보는 세 명으로 압축되었습니다. 그중 A형제는 제 영상 편지를 보면서 자신이 용호씨라는 확신이 들었다고 했습니다. 하나님께 저를 배우자로 달라고 기도했고, 이미 주셨다는 믿음의 선포까지 했다고 합니다. 그는 전도사이자 사업가였습니다. 하나님께서 주신 영감으로 디자인한 제품들을 의장 등록하여 평생 먹고살아도 남을 만한 재정을 하나님께서 주셨다고 했습니다. 하나님께 보여주신 것을 그대로 디자인하여 특허권도 여러 개 획득했다고 했습니다. 저도 하나님의 영감으로 디자인을 하는 디자이너이기에 그의 말에 공감할 수 있었습니다. 그는 자신의 제품이 등록되어 있는 사이트까지 알려주었습니다. 믿음도 좋고 능력까지 있는 신실한 형제였고, 당장 저를 만나고 싶다는 적극성을 보였습니다.

B형제는 미국에서 호텔 매니저로 일하고 있었습니다. 그는 제 회사로 여러 번 저를 찾는 전화를 했고, 나중에는 직원들 보기가 민망하여 제가 직접 전화를 받았습니다. 수화기 너머로 들려오는 형제의 목소리가 들떠 있었습니다. 자신이 그토록 기다리던 배우자가 확실하다며 흥분을 감추지 못했습니다. 자신에 대해 자세히 설명하며 꼭 만나보고 싶다고 했습니다. 그는 신앙의 명문 가정에서 성장했고, 아버지와 형님은 이름을 대면 다 알 만한 우리나라에서 꽤 영향력 있는 위치에 계신 분들이었습니다.

C형제는 제 책을 읽고 메일을 보냈습니다. 그러나 메일에는 그에 대해 알 수 있는 정보는 거의 없었습니다. 단지 목회자가 되기 위해 시험을 앞두고 있다는 것밖에는 어떤 것도 알 수 없었습니다. 그를 만나고 나서야 저보다 6살 연하이고, 대학 졸업을 앞두고 있으며, 장로회신학대학교 시험을 준비하고 있다는 것을 알게 되었습니다.

제 눈에는 세 형제가 모두 하나님나라의 용사 같아 보였습니다. A형제는 사업을 하는 킹덤 빌더(Kingdom Builder, 하나님나라를 세우는 사람)였으면 좋겠다는 제 기도 제목과 맞았습니다. B형제는 제가 기도하면서 형제를 비행기에 태워서 보내달라고 했기 때문에 마치 하나님께서 예비한 형제 같아 보였습니다. 또 저보다 세 살 연상이면 좋겠다고 기도했는데 나이도 정확하게 맞았습니다.

C형제는 제가 기도한 그 어떤 것에도 해당되지 않았습니다. 6살 연하여서 처음부터 배우자가 아니라고 확신까지 했습니다. 연하의 배우자에 대해서는 한번도 생각해본 적 없을 뿐만 아니라 제가 목회자 사모에 대한 소명도 전혀 없었기에 당연히 제 짝이 아니라고 생각했습니다.

하나님께 세 형제에 대해 질문했을 때 A형제와 B형제는 확실하게 아니라고 하셨습니다. 그런데 C형제에 대해서는 긍정도 부정도 아닌 대답을 하셨습니다.

'한번 만나보거라.'

놀라운 이메일

첫 책인 《네 약함을 자랑하라》가 출간된 지 한 달이 지난 어느 날, 한 통의 이메일을 받았습니다. 메일의 제목은 'Mr. heaven'(미스터 헤븐)이었습니다. 제목이 재미있어서 메일을 열었습니다. 이미 많은 형제들로부터 메일을 받았기에 대수롭지 않게 읽어 내려갔습니다.

안녕하세요. 저는 열흘 뒤에 있을 장신대 시험을 준비하고 있는 예비 목회자 김필겸이라고 합니다. 자매님의 책을 읽으며 감동을 많이 받아 울기도 했습니다. 그리고 자매님과 함께하시는 성령 하나님의 조명하심을 통해서 제가 얼마나 추악하고 더러운 사람인가에 대해서도 알게 되었습니다.

그리고 지금 이런 제 모습으로 나중에 하나님의 말씀을 담대히 증거할 수 있을지 염려도 많이 되었지만, 자매님과 함께하시는 성령 하나님의 역사를 통해서 자신감을 갖게 되었습니다. 제가 원래 이렇게 적극적인 성격이 아닌데 자매님의 책을 단숨에 읽고는 그 은혜를 주체할 수가 없어서 이렇게 메일을 드립니다.

여러 가지 맡으신 일들로 인해서 바쁘시겠지만 언제 시간이 되시면 식사라도 한번 대접하고 싶습니다. 그리고 자매님의 풍성한 성령의 수다도 한번 들어보고 싶습니다. 책을 다 읽고 책 표지에 있는 자매님의 얼굴과 손을 어루만지며 살아 계신 예수그리스도의 이름으로 간절히 기도했습니다. 주님 안에서 항상 몸도 마음도 영혼도 건강하세요.

"내게 능력 주시는 자 안에서 내가 모든 것을 할 수 있느니라"(빌 4:13).

내용은 평범했습니다. '많은 은혜를 받았다, 좋은 깨달음을 주서서 감사하다, 시간 되시면 뵙고 식사라도 대접하고 싶다' 등 다른 메일과 별반 다르지 않았습니다. 특이한 점이 있다면 메일의 마지막에 말씀 한 구절이 담겨 있는 정도였습니다. 그런데 이상하게 갑자기 마음이 뜨거워졌습니다. '왜 이렇게 마음이 뜨거워질까' 하고 생각하며 메일을 검증해달라고 하나님께 기도드리고 다시 읽었습니다. 그런데 또 마음이 뜨거워졌습니다. 순간 여러 가지 생각이 스치고 지나갔습니다.

'어른들이 아무나 함부로 만나지 말라고 하셨는데… 이 사람이 용호씨인가, 이렇게 마음이 뜨거워지는 걸 보면 하나님께서 만나보라고 하시는 것 같은데….'

그러다 평소 함께 기도하는 언니에게 기도를 부탁했습니다. 그런데 언니도 마음이 뜨거워진다면서 한번 만나보는 게 좋겠다고 조언했습니다. 언니는 워낙 신중한 성격이어서 아무나 만나보라고 할 사람이 아니었기에 '혹시 용호씨가 아닐까' 하는 기대감이 생겼습니다. 그래서 하나님께 여쭈었습니다.

'아빠, 이 형제가 용호씨인가요?'

'한번 만나보거라.'

확실한 하나님의 응답을 듣지 못한 채 그에게 만나자는 답장을 보냈습니다. 그리고 열흘 뒤에 방배동의 한 카페에서 그를 만나기로 했습니다.

미스터 헤븐, 미스 헤븐을 만나다

다음은 당시 우리의 만남 이야기를 나중에 필겸형제가 소설체로 풀어 쓴 것입니다.

2009년 11월 29일 늦은 밤, 필겸은 셀 모임의 나눔 교재로 선택된 《네 약함을 자랑하라》를 폈다. 조금만 읽으려고 했는데 읽다보니 책에서 눈을 뗄 수가 없어 단숨에 다 읽었다. 책을 덮었는데 갑자기 그의 가슴이 뜨거워지기 시작했다. 잠시 당황스러웠지만 이내 '하나님께서 기도하라고 그러시는가보다'라고 생각했다.

그는 책 표지에 있는 그녀의 사진에 손을 갖다 대고 간절히 기도했다. 그러다 시계를 보니 새벽 2시가 다 되었다. 빨리 자야겠다고 생각하면서도 한번 뜨거워진 가슴이 도통 가라앉질 않았다. 문득 책에 적힌 그녀의 이메일 주소가 생각나 'Mr. heaven'(미스터 헤븐)이라는 제목으로 뜨거운 마음을 담아 메일을 보냈다. 그러고 나서야 그는 편안하게 잠자리에 들 수 있었다.

다음 날 그는 혹시나 하는 마음으로 메일을 확인했는데 'Re: Mr. heaven'이라는 제목의 메일이 와 있었다.

'와~, 신기하다. 정말 답장이 왔네! 그런데 제목을 보니 그냥 가벼운 인사 정도겠구나.'

그는 큰 기대 없이 메일을 열었다. 그런데 예상과 달리 내용은 아주 정성스러웠고 메일을 읽으면서 그는 또 한 번의 은혜를 받았다. 그런데 마지막까지 읽고 그는 놀라지 않을 수 없었다.

'몸이 하나인지라 다른 만남의 요청은 모두 거절했는데, 형제님의 식사 초대는 왠지 거절할 수 없는 감동이 오네요. 시간 되실 때 연락주세요.'

평소에 호기심이 많은 그는 이 상황이 무척 신기했다. 당장이라도 만나고 싶었지만 열흘 앞으로 다가온 시험 때문에 만남을 미뤄야 했다. 어느덧 시험날이 다가왔고 문제를 보자마자 자신의 실력이 부족하다는 것을 느꼈다. 얼마나 다급했던지 서원기도까지 했다.

'하나님, 이번에 합격시켜주시면 정말 죽기까지 순종하겠습니다.'

힘겹게 시험을 마치고 그녀에게 메일을 보냈고, 그녀 역시 기다리고 있었다는 듯 바로 답장을 보냈다. 그리고 둘은 12월 12일 첫 만남을 약속했다.

드디어 그날, 필겸은 서울로 가는 버스 안에서 여러 가지 상상을 했다.

'내 선물이 좀 약소한가? 만나면 누나라고 할까, 그냥 자매님이라고 할까? 책 표지에는 상당히 예쁘게 나왔던데 흉터는 어느 정도일까? 혹시 내가 그 용호씨일까?'

이런저런 생각을 하면서 마치 시간 여행을 한 것처럼 서울에 도착해 약속 장소에서 그녀가 오기를 기다렸다. 연말이라 차가 막히는지 그녀가 약속 시간보다 조금 늦는다며 문자로 연신 미안한 마음을 전했다. 그녀가 늦으면 늦을수록 그는 점점 초조해졌다.

드디어 레스토랑에 나타난 효진의 옆모습만 보고도 그는 단번에 알아보고 자리에서 벌떡 일어섰다. 레스토랑이 크지 않아서 그녀도 그를 바로 알아보고 다가갔다.

둘은 어색한 인사를 나누고 바로 식사를 주문했다. 그러나 어색한 분위기도 잠시, 순식간에 둘은 깊은 대화의 세계로 빠져들었다. 그에게 약간 거슬리던 그녀의 화상의 흔적은 시간이 지나면서 서서히 희미해져 보였다. 마치 그곳에 둘 밖에 없는 것처럼 서로에게 집중하며 대화를 이어나갔다.

평소 식성이 좋은 그도 대화에 푹 빠져 음식을 반도 먹지 못했다. 고개를 숙이다 차디차게 식은 음식을 발견하고는 깜짝 놀라 정신을 차리고 주위를 둘러봤다. 이미 다른 테이블의 손님들은 전부 다 바뀌어 있었다. 심지어 그녀보다 훨씬 더 늦게 온 손님들까지도…….

잠시 후 식당 종업원들의 따가운 눈초리가 느껴졌다. 이대로 헤어지기 싫었던 그는 차 한 잔을 제안했고, 그녀도 선뜻 그러자며 일어섰다. 그런데 그녀가 갑자기 또 다른 제안을 했다.

"우리 돈도 아낄 겸 근처에 있는 제 사무실에 가서 차를 마실까요? 함께 기도도 하고요."

그는 속으로 쾌재를 불렀지만 애써 태연한 척하며 그녀의 차에 탔다. 그리고 방배동의 한 산 중턱에 고즈넉이 위치한 그녀의 사무실에 도착했다.

사무실의 불을 켜자 그는 알 수 없는 포근함을 느꼈고, 마치 교회에 온 듯했다. 둘은 따뜻한 차 한 잔을 두고 오래된 친구처럼 편안하지만 약간은 설레는 분위기에서 여러 가지 이야기를 나눴다. 평소 손기철 장로님께 많은 가르침을 받던 그녀는 그가 궁금해하는 것들에 대해 자신이 공부하고 있는 교재까지 펴 보이며 설명했고 그는 오래된 실매듭이 풀린 것 같은 깊은 감동을 받았다. 그러던 중 효진에게 차 한 잔의 아쉬움을 달랠 만한 좋은 생각이 떠올랐다.

'형제에게 손 장로님의 책을 선물해야겠다.'

그러고는 그에게 물었다.

"혹시 손기철 장로님의 책이 있으세요?"

"네, 한 권 가지고 있는데요."

그녀는 그 책을 제외한 몇 권의 책을 집어 그에게 건넸다. 책을 받아든 그는 어안이 벙벙했다. 그리고 둘은 좀 더 깊은 이야기를 나눴다. 그런데 이야기를 나누다보니 그의 나이를 짐작할 수 있었고, 효진은 그가 자신보다 연하인 것 같은 느낌이 들어 마음이 불편했다.

'나보다 한참 어린 것 같은데…, 하나님께서 그냥 만나기만 하라시는가보다.'

그리고 기차 시간이 다가오자 확실히 하고 싶은 마음에 그에게
물었다.

"형제님, 혹시 몇 년생이세요?"

"81년생입니다."

"아~, 네."

이 탄식이 어찌나 강했는지 그에게도 그대로 느껴졌다. 그녀는
아쉬운 표정을 지으며 생각했다.

'용호씨가 아니구나.'

그래도 둘은 기도 제목을 나누고 서로를 위해 뜨겁게 중보하고
사무실을 나서며 그녀가 물었다.

"형제님, 기차를 어디서 타세요? 제가 모셔다 드릴게요."

"아, 영등포역에서요. 자매님께서 사시는 곳과 반대 방향이에요.
그냥 주변의 전철역에 세워주세요."

"멀리 대전에서 여기까지 오셨는데, 그렇게 할 수는 없죠. 제가
모셔다 드릴게요."

"괜찮아요, 피곤하실텐데, 가까운 지하철 역에 내려주세요."

둘은 실랑이를 벌이다 결국 그녀의 뜻대로 하기로 했고 가는 동
안 차 안에서 깊은 대화를 이어갔다. 이야기에 몰입하다보니 그는
또 한 번의 순간 이동을 경험했다. 어느새 영등포역 앞이었다. 둘은
서로를 축복하며 아쉬운 이별을 했다. 그녀는 차를 운전하며, 그는

기차를 타고 각자의 집으로 향하면서 많은 생각들을 했다. 필겸은 생각했다.

'내게 왜 이렇게 잘해주시지? 내가 그 용호씨일까? 그런데 실제로 효진씨를 보니 참 예쁘네.'

한편 그녀는 그날 밤 용호씨에 대해 함께 기도하던 언니와 통화를 했다.

"언니, 용호씨가 아니야. 나보다 많이 어려."

"하나님께서 용호씨를 분명히 예비하고 계실 거야."

"그렇겠지? 하나님께서 내 입술을 통해 그 형제님에게 하고 싶은 말씀이 있으셨나 봐."

"그런가보다. 우리 효진이 힘내라."

"응, 언니."

마침 다음 날은 필겸이 셀 리더로 섬기는 청년회에서 효진의 책을 나누는 날이었다.

"실은 제가 어제 효진자매님을 만났어요. 많은 이야기를 나눴는데 정말 좋은 분이시더라고요. 아, 참! 어제 제가 자매님께 들은 좋은 성경 말씀이 있는데 함께 나눴으면 좋겠어요. 로마서 8장 1,2절 말씀을 함께 봅시다."

그녀에게 들었던 말씀에 하나님께서 새롭게 부어주시는 말씀까지 더하여 자신도 놀랄 정도로 셀원들에게 잘 전했다. 그러면서 그는 말로 다할 수 없는 감동을 느꼈고, 지금까지 진행했던 수많은 셀 모임 중에서 가장 은혜스럽고 감격스러운 모임을 마쳤다.

주일을 보내고 저녁에 집에 돌아와 그는 많은 생각을 했다.

'오늘 셀원들에게 말씀을 전하는데 정말 특별했어. 왜 이런 거지? 왜 이런 현상이 일어나는 거지?'

이후에도 자신의 삶에서 계속 나타나는 아름다운 성령의 열매들을 보며 그녀에 대한 마음은 점점 더 커졌다. 시간이 지날수록 그녀의 영혼을 사모하는 마음이 커져 주체할 수 없는 정도에 이르렀다. 그는 고민에 빠졌다.

'마음을 고백하고 싶은데, 그랬다가 퇴짜를 맞으면 아예 관계가 끊어질 텐데…. 내 여인은 안 되더라도 계속 교제하고 싶은데, 어떻게 해야 하지?'

그는 자신이 할 수 있는 모든 방법을 동원하여 그녀의 마음을 얻기 위해 필사적으로 노력했다. 효진은 이런 필겸의 행동에 당황했고 서로 마음이 더 커지기 전에 결론을 내야겠다고 생각하며 하나님께 매달렸다.

'하나님, 필겸형제가 용호씨인가요, 그런가요?'

그러나 하나님은 명확한 대답 대신 그냥 만나보라고만 하셨다. 계속되는 애정 공세에 그녀의 마음도 조금씩 열렸다. 한참을 그러다 그는 결심을 하고 메일로 자신의 마음을 전달했다.

'자매님, 제가 용호씨인지 하나님께 기도해보세요.'

메일을 받고 그녀는 마음이 나쁘지 않았다. 그러나 하나님의 허락 없이 교제를 시작할 수는 없어 주변에 계신 영적으로 민감한 분들에게 기도 요청을 했다.

그런데 정말 신기한 것은 기도하시는 모든 분들이 '하나님의 축복된 만남'이라는 응답을 받았다. 효진은 자신이 직접 기도 응답을 받지 못한 게 내심 마음에 걸렸지만 가족과 같은 분들의 기도 응답에 안심하며 조심스럽게 마음의 문을 열었다.

2010년 1월 5일, 설레는 두 번째 만남을 가졌다. 그날도 역시 함께 밥을 먹었지만 서로의 대화에 집중하느라 음식을 거의 다 남겼다. 둘은 자리를 옮겨 더 깊은 대화를 나누고 싶었다. 그렇게 찾아 들어간 찻집은 손님들이 많아서인지 무척 소란스러웠다. 주변이 워낙 시끄러워 서로의 말이 잘 들리지 않을 것 같았다.

마주 앉는 것보다는 옆쪽에 앉아 이야기하는 게 편할 것 같아 효진이 그에게 말했다.

"거기에 앉지 마시고 옆에 와서 앉으세요."

그는 흠칫 놀라며 생각했다.

'이러면 안 되는데…. 진도가 좀 빠른데….'

그러고는 그녀 옆에 바짝 붙어 앉았다. 그의 행동에 그녀는 더 놀랐다.

'아, 이런 뜻이 아닌데….'

어쨌든 둘은 나란히 앉아 재미있게 이런저런 이야기를 했다. 그러나 그의 생각은 오직 한 가지에 집중되어 있었다.

'내가 용호씨라는 기도 응답을 받았을까?'

결국 궁금증을 견디지 못하고 대화의 흐름과는 전혀 상관없이 그녀에게 물었다.

"기도해보셨어요?"

그러나 마치 그녀도 질문을 기다렸다는 듯이 대답했다.

"제가 하나님께 기도를 계속하고 있는데 이상하게 확답은 하지 않으시고 만나보라고만 하세요."

"그러시구나…."

그는 삶은 숙주나물처럼 풀이 죽었다. 그래도 이대로 포기할 수는 없다는 생각에 다시 한번 물었다.

"효진자매님은 저를 어떻게 생각하세요?"

그녀는 중보기도해주시는 분들이 받은 기도 응답을 생각하며 대답했다.

"긍정적으로 생각하고 있어요."

풀이 죽어 있던 그에게 갑자기 힘이 생겼고, 눈빛이 반짝거렸다.

이런 그를 마주 대하기 부끄러워 그녀는 얌전히 고개를 숙였고, 그의 눈에는 그 모습이 한없이 사랑스러웠다. 그러나 그 역시 하나님의 허락 없이는 그녀에게 손끝 하나 댈 수 없었다. 아쉽게 헤어지면서 다짐하듯이 말했다.

"자매님, 제가 하나님 앞에서 목숨을 걸고 기도해서 응답받고 다시 연락드릴게요!"

"네…."

필겸은 다음 날부터 바로 작정 기도에 들어갔다. 하나님께서 말씀을 주실 때까지 계속 기도만 하겠다는 각오로 기도를 시작했다. 그리고 목이 터져라 기도했다. 그러다 문득 드는 생각이 있었다.

'아, 하나님의 음성을 듣기 위해서 기도하고 있으니 이제는 듣는 기도를 해야겠다.'

그리고 잠잠히 하나님의 음성에 귀 기울이며 조용히 기도했다.

'하나님, 명확하게 말씀해주세요. 하나님의 음성 없이는 제가 효진자매에게 손끝 하나 댈 수가 없어요. 제가 지난번에 하나님께 묻지도 않고 교제를 했다가 크게 상처를 받았잖아요. 두 번 다시는 그런 실수를 하고 싶지 않아요. 하나님, 제게 응답해주세요. 명확하게 말씀해주세요.'

그렇게 하나님의 음성에 귀를 기울였지만 아무 소리도 들리지 않았다.

'내가 회개하지 못한 죄가 있어서 그런가'라고 생각하며 열심히 회개기도를 하고, 구하고 귀 기울이기를 반복했다. 그러나 여전히 하나님의 음성은 들리지 않았다. 그가 간절히 구해서 그런지 기도 시간이 많이 지나지 않았지만 지치고 말았다.

더 이상 울부짖지도 못하고 머리를 땅에 떨어뜨리고 애절하게 하나님께 매달렸다. 그러기를 한참, 그동안 어려운 문제 때마다 그랬듯이 하나님께서 주시는 가슴 저린 감동이 몰려왔고 하나님께 솔직하게 말씀드렸다.

'하나님, 저 이번에는 하나님께서 기뻐하시는 교제를 하고 싶어요. 명확하게 음파로 제 귀에 말씀해주세요. 하나님께서 아니라고 하시면 제 가슴을 도려내서라도 효진자매를 잊을게요. 저는 할 수 없지만 하나님께서 능히 이루실 줄 믿습니다.'

그때 하나님의 진한 사랑이 느껴졌다.

'나는 지극히 거룩하여서 내가 음파로 얘기하면 네가 죽을 수도 있단다.'

'아, 죄송해요. 주님, 제가 미련했네요. 하나님의 생각은 사람의 생각과는 차원이 다르다는 것을 깜빡했네요. 그런데 사랑의 주님, 정말 효진자매를 사랑하는데 어떻게 안 될까요?'

'내 딸 효진은 그런 사람이 아니다. 어찌 네 정욕을 따라 속았던 그 자매와 내 사랑하는 딸을 비교하느냐?'

그는 동문서답과 같은 말씀에 당황했지만 곧 그 의미를 알게 되었다.

'하나님, 정말 죄송해요. 하나님의 의로운 딸을 제멋대로 생각하고 있었어요. 용서해주세요.'

하나님의 감동이 그의 마음을 진동했다.

'내가 네게 허락한 모든 능력과 달란트를 사용하여 내 사랑하는 딸을 기쁘게 해라. 내 딸과 하나가 되어서 담대히 내 길을 가라. 두려워하지 말라. 내가 너를 도우리니 당할 자가 없으리라.'

이해할 수 없는 주님의 사랑에 그는 하염없이 눈물만 흘렸다. 그러다 그녀에게 얼른 이 소식을 알려야겠다는 생각을 했다. 그는 저린 다리를 주무르며 교회 밖으로 나갔다. 그러고는 떨리는 마음으로 전화를 걸었다.

"저, 하나님께 기도 응답을 받았어요!"

차마 떨어지지 않는 입술을 애써 떼며 외치듯이 그녀에게 말했다.

"효진자매님, 사… 사랑해요! 죽을 때까지 당신만을 사랑할게요. 저는 당신에게 해줄 수 있는 것이 아무것도 없지만 하나님께서 제게 힘과 능력을 주시면 온전히 당신을 사랑하고 섬기게 될 줄 믿어요!"

눈물이 흘렀지만 그녀에게 약한 모습을 보이면 안 된다는 생각에 목이 잠기는 것을 애써 참았다. 그동안 가슴 속에 넘실대던 그녀를 향한 마음을 쏟아내듯이 연신 사랑한다고 말했다. 그녀는 부끄러운 듯이 그의 마음을 받아주었다.

"필겸형제님, 고마워요. 저도 많이 부족한 사람이에요. 형제님이 너그럽게 이해해주세요."

그는 그녀와의 통화를 마치고 하늘을 올려다봤다. 그의 마음은 구름 사이를 날기 시작했다. 매서운 겨울바람이 꽃내음 가득한 살랑바람이 되어 코끝을 스쳐지나갔다. 온 세상이 어깨춤을 들썩이며 그에게 축하의 메시지를 보내는 것 같았다.

평생 애프터서비스를 해줄게요

저는 그렇게 말할 수 없는 감사와 기쁨으로 필겸형제와 교제를 시작하게 되었습니다. 행복하고 즐거웠지만 마음 한구석은 납덩이처럼 무거웠습니다. 그의 가족들을 생각하니 걱정이 앞섰습니다. '부모님들은 어떤 분이실까, 나를 어떻게 생각하실까' 등 무수히 많은 생각이 지나갔습니다.

"필겸씨, 부모님이 반대하지 않으세요?"

"부모님은 제 의견을 존중해주세요. 반대하지 않으시니 걱정하지 마세요."

그는 지혜롭고 신중한 성격이라 가족 간의 대화를 일체 제게 말하지 않았습니다. 부모님께서 제 책을 다 읽으시고 저에 대해 알고 있으니 걱정하지 말라고만 했습니다.

그러던 어느 날, 우리의 만남과 상관없이 그가 섬기는 교회에서 간증 요청이 왔습니다. 저는 무척 난감했습니다. '필겸형제의 가족들이 다니는 교회에서 어떻게 간증할 수 있을까'라는 생각에 주저했습니다. 그때 제 마음 가운데 성령님의 음성이 들렸습니다.

'딸아, 가거라. 내가 너와 함께할 것이다.'

하나님의 뜻을 확인하고는 집회 일정을 잡았습니다. 그것을 위해 얼마나 많은 시간을 하나님께 무릎 꿇고 기도했는지 모릅니다. 드디어 두렵고 떨리는 시간이 왔습니다.

'필겸씨 부모님도 이 집회를 보시겠지? 나를 보고 기뻐하실까? 반대하시면 어떻게 하지?'

그러나 감사하게도 간증 집회 가운데 하나님의 기름부으심으로 전혀 떨지 않고 담대하게 말할 수 있었습니다. 그리고 이 모든 일을 하나님께서 기획하시고 만드셨다는 확신이 들었습니다. 또한 그의 부모님 마음 가운데에도 특별한 일을 행하고 계시다는 믿음이 생겼습니다.

간증 집회를 마치고 2주 후에 그의 부모님을 만나 뵙기로 했습니다. 2010년 2월 13일, 약속 장소에 30분 일찍 도착했습니다. 왜 그렇게 떨리던지, 떨리는 손을 마주잡고 하나님의 마음을 구했습니다. 그때 하나님의 따스한 위로가 느껴졌습니다.

'효진아, 걱정하지 말아라. 그의 부모가 너를 사랑할 것이고 기뻐할 것이니 염려하지 말아라.'

마침 입구에 들어서는 그의 모습이 보였습니다. 얼른 일어나서 떨리는 마음으로 부모님께 인사를 했습니다. 그런데 어머님께서 제 두 손을 꼭 잡아주시면서 "이렇게 꼭 잡아주고 싶었어요"라고 말씀하셨습니다. 순간 모든 걱정이 떠나가는 듯했습니다.

어머님과 저, 필겸씨와 아버님이 나란히 앉아 이야기를 나누었습니다. 설레면서도 특별한 시간이었습니다. 아버님과 어머님 모두 자상한 눈빛과 환한 미소로 저를 대해주셨습니다. 10분간의 짧은 만남 가운데 특히 어머님께서 해주신 말씀은 지금도 잊지 못하고 있습니다.

"하나님께서 우리 집안에 효진자매처럼 귀한 사람을 보내주셔서 정말 감사해하고 있어요. 책과 간증을 통해 참 아름다운 자매라는 생각을 했어요. 우리 아들이 힘들게 하면 나한테 언제든지 말해요. 평생 애프터서비스를 해줄게요."

어머님의 말씀에 저는 할 말을 잃었습니다. 하나님께 감사하다는 생각 밖에는 들지 않았습니다. 솔직히 하나님께 기도는 했지만 어떻게 응답하실지 마음에 잘 그려지지는 않았습니다.

그러나 하나님께 기도하면 그 열매는 늘 아름답습니다. 세상에서 가장 훌륭하신 시부모님을 만나게 해주신 하나님께 감사를 드립니다. 이 모습 그대로 기뻐하시는 하나님의 마음을 부모님의 마음속에 부어주셔서 감사합니다.

내가 여호와께 간구하매 내게 응답하시고 내 모든 두려움에서 나를 건지셨도다 시 34:4

2

인생을 바꾼
만남의 은혜

언약의 말씀

저는 하나님과의 친밀한 기도 중에 주시는 특별한 약속의 말씀을 기록을 해두는 습관이 있습니다. 그 약속을 어떻게 이루어가시는지 볼 수 있을 뿐 아니라 믿음이 흔들릴 때마다 다잡을 수 있기 때문입니다.

배우자를 애타게 기다리며 기도하던 어느 날, 하나님께서 또 다른 약속의 말씀을 주셨습니다.

'네가 기다리고 소망하던 배우자는 네게 최고의 선물이 될 것이다. 나는 너를 통해 아름다운 가정의 모델을 만들 것이다. 그가 나를 사랑하듯이 너를 사랑할 것이고, 네 모든 눈물을 닦아줄 것이고, 온전히 너만을 사랑하게 될 것이다. 오래 기다려주고 인내해줘서 고맙구나. 내 딸, 내 기쁨, 내 보배, 사랑한다.'

이렇게 말씀하셔서 배우자를 곧 만나게 될 거라는 기대감에 차 있었습니다. 그러나 하나님의 때와 우리의 때는 정말 달랐습니다. 이 말씀을 받고 나서 일 년이나 지나서 만났으니 말입니다. 성격이 급한 저로서는 하나님의 응답을 기다린다는 게 정말 쉬운 일이 아니었습니다.

인내는 연단을, 연단은 소망을 이루는 줄 앎이로다 **롬 5:4**

그러나 당시는 그 시간을 통해 연단되고 소망이 이루어진다는 것을 잘 몰랐습니다. 지금 돌이켜보면 이 년 동안 기다리게 하신 하나님께 감사를 드립니다. 그 시간 동안 성령님께 신부 수업도 받고 특히 마음을 아름답게 가꿀 수 있었습니다. 새로운 피조물의 삶이 무엇인지 배우게 되는 귀한 시간이기도 했습니다.

그때 용호씨는 대학교 3,4학년을 보내고 있었습니다. 경제를 통한 복음화의 비전을 품고 재경고시(행정고등고시의 재경계열 시험)를 준비하고 있었습니다. 그러나 기도하는 가운데 하나님께서 주의 종에 대한 비전을 주셔서 준비하던 모든 것을 다 내려놓고 종의 길을 가고자 결심하고 헌신하는 중요한 시기를 지나고 있었습니다. 만약 하나님께서 제 기도에 즉각 응답하셔서 그때 우리가 만났더라면 정말 하나되기가 어려웠겠다는 생각이 듭니다. 마음의 상처가 치유되지 않은 자매와 비전을 아직 정하지 못한 형제와의 만남은 결코 쉽지 않았을 것입니다.

그동안 하나님께 투정을 부리면서 한 기도를 지금 생각하면 참으로 부끄러운 기도였습니다. 가장 좋은 때에 만나게 하려고 하시는데 빨리 보내달라고 떼를 썼으니 얼마나 기가 막히셨을까요. 간절한 제 기도에 응답하지 않으셔서 얼마나 감사한지 모릅니다.

최고의 웨딩플래너

배우자를 기다리며 기도했던 시간들이 주마등처럼 지나갔습니다. 운전하고 있을 때, 새벽에 일어났을 때, 밤늦게 잠자리에 들 때 했던 배우자를 위한 기도의 시간은 인내와 연단의 시간이었습니다. 2008년, 헤븐리터치 미니스트리(HTM) 사무실에 있는 크리스마스트리에 새해 기도 제목을 적으라고 했을 때 '배우자' 이 세 글자를 적었습니다. 반드시 이루어질 것을 믿고 적었지만 막상 12월이 되자 낙담이 되었습니다.

'쓸쓸한 겨울을 또 혼자 보내는구나! 하나님, 용호씨가 타고 올

돛단배가 고장이 난 것 같아요. 기왕이면 모터보트에 태워서 보내주세요. 아니면 비행기라도요. 좀 빨리 보내주세요!'

그렇게 보채듯 기도할 때마다 하나님은 늘 동일하게 대답해주셨습니다.

'조금만 기다려라. 그가 너를 만나러 올 것이다.'

'언제 오는데요? 우리 예인이(미래의 딸 별명)도 만나야 하는데 더 늦어지면 안돼요.'

그때 하나님께서 말씀하셨습니다.

너희 중에 누가 아들이 떡을 달라 하는데 돌을 주며 생선을 달라 하는데 뱀을 줄 사람이 있겠느냐 너희가 악한 자라도 좋은 것으로 자식에게 줄 줄 알거든 하물며 하늘에 계신 너희 아버지께서 구하는 자에게 좋은 것으로 주시지 않겠느냐 마 7:9-11

이유는 알 수 없었지만 저는 꼭 용호씨를 2009년도에 만나고 싶었습니다. 그런데 정말 그해 12월에 만났습니다. 하나님의 약속의 말씀처럼 정말로 그가 만나러 와주었습니다. 혹시나 그가 저를 알아보지 못할까 봐 기도했는데, 오히려 제가 알아보지 못했습니다. 당시 35살이던 제게 29살의 형제는 어울리지 않는다고 생각했습니다. 처음 만나고 나서 그는 메일을 자주 보냈습니다. 특히 제 이름으로 삼행시를 지어 보내기를 즐겨했습니다.

> **이** - 이 세상과 당신 중에 하나만 택하라고 하나님께서 명하신다면
> 저는 이 세상을 택하겠어요 왜냐하면 이 세상 어디를 보아도
> **효** - 효진씨의 흔적이 가득하기 때문이죠 이 세상 어디에서나 당신을
> 볼 수 있기 때문이죠
> **진** - 진짜로 효진씨 사랑해요

그런데 저는 서로 상처받기 전에 관계를 빨리 정리해야겠다고 마음을 먹었습니다. 두 번째 만남을 앞두고 하나님께 간절히 기도했습니다. 마치 씨름하듯 기도하던 중에 하나님께서 말씀하시기 시작하셨습니다.

'너는 뭐가 문제니?'

'아빠, 형제가 어리잖아요. 게다가 주의 종이 되겠다고 하는데 저는 사모가 될 자신이 없어요.'

'네게는 그게 문제가 될지 모르지만 내게는 문제가 되지 않는다.'

'그럼 필겸형제가 용호씨인가요?'

'다시 한번 만나보거라.'

하나님께서 왜 처음부터 필겸형제를 용호씨라고 하지 않으셨는지 이해가 가지 않았습니다. 그렇게 애타게 기다려왔다는 걸 가장 잘

아시는 분이 왜 그를 만나보라고만 하시는지 답답했습니다.

그런데 저는 이 일로 하나님의 성품을 배우게 되었습니다. 조심스럽게 '내가 보기에는 참 좋은 사람인데 너는 어떤지 한번 만나보거라'라고 말씀하시는 것 같았습니다. 그렇게 제 마음의 문을 조금씩 조금씩 여셨습니다.

그리고 배우자에 대해 기도한 대로만 응답되어야 한다는 제 생각이 얼마나 어리석었는지, 제 생각과 하나님의 생각이 얼마나 다를 수 있는지 다시 한번 깨닫게 되었습니다. 6살 연하이기 때문에 그를 보내버렸다면 저는 아마도 여전히 배우자 기도를 하며 기다리고 있을지 모릅니다.

이 글을 읽고 있는 분들 중에도 자신이 기도했던 것과 맞지 않는다고 하나님께서 보내주신 배우자를 놓쳤을 수 있습니다. 그러나 내가 구했던 조건들과 다른 배우자를 만나는 게 오히려 더 큰 기쁨과 행복을 줄 수 있습니다. 왜냐하면 하나님의 생각은 우리의 생각보다 높고 깊기 때문입니다.

이는 내 생각이 너희의 생각과 다르며 내 길은 너희의 길과 다름이니라 여호와의 말씀이니라 이는 하늘이 땅보다 높음같이 내 길은 너희의 길보다 높으며 내 생각은 너희의 생각보다 높음이니라 사 55:8,9

잘못된 선택

제가 경험한 바로는 배우자 기도가 100퍼센트 맞지는 않는 것 같습니다. 기도한 조건들이 완전히 충족되는 배우자일 수도 있지만 아닐 수도 있습니다. 우리를 가장 잘 아시는 하나님께서 가장 좋은 배우자를 주시기 위해 때론 기도와는 다른 배우자를 만나게 하실 수도 있습니다. 그것도 하나님의 응답입니다. 내가 기도한 항목과 맞지 않는다고 배우자가 아니라는 섣부른 판단을 해서는 안 되는 이유이기도 합니다.

세 형제 중에 누가 용호씨였을까요? 만약 하나님의 음성을 듣고 분별하지 못했다면 선택의 기준은 제 기도였을 것입니다. 기도한 대로 딱 맞는 배우자가 나타났다고 해서 그 사람이라고 확신해서는 안 됩니다. 그것은 매우 위험할 수 있습니다. 우리 주변에 그런 사례들은 정말 많습니다.

많은 형제자매들이 스스로 보기에 좋은 사람을 배우자로 선택합니다. 배우자의 선택 기준도 세상 사람들과 크게 다르지 않습니다. 오히려 그들이 보지 않는 믿음까지 보기 때문에 더 어렵습니다. 하지만 하나님나라를 살아가는 우리는 딱 한 가지의 기준에 맞춰 선택하면 될 것 같습니다. '과연 이 사람이 하나님께서 기뻐하시고 예비하신 배우자인가' 하는 것입니다. 우리의 생각보다 중요한 것은 하나님의 생각입니다. 그러면 하나님께서는 우리가 싫어하는 사람과 강제로 결혼시키시는 분이실까, 그렇지 않습니다. 제가 경험한 하나님은 우리의 생각을 무척 존중하십니다.

이 일로 하나님의 성품을 배우게 되었습니다. 하나님께서는 제 마음이 열릴 때까지 기다려주셨습니다. 내가 보기에 좋은 사람을 선택하는 것은 마치 선악과를 먹는 것과도 같습니다. 그것은 말씀에 불순종하는 것은 물론이고 내가 내 삶의 주인이 되어 살겠다는 것과 같습니다. 그 결과는 비참합니다. 물론 하나님께서는 선악과를 먹은 아담과 하와를 끝까지 사랑하셨고 돌봐주셨습니다. 설사 잘못된 선택을 하더라도 하나님께서는 함께하시고 우리를 버리지 않으십니다. 하지만 그 선택의 결과는 우리가 책임져야 합니다.

약속의 말씀을 받은 아브라함도 끝까지 기다리지 못하고 인간적인 방법으로 이스마엘을 낳았습니다. 그 선택은 지금까지도 중동 지역에 큰 분쟁의 원인이 되고 있습니다. 우리가 만약 약속의 말씀을 받고 기다리다가 지쳐서 우리가 보기에 좋은 사람을 선택해 결혼한다면 그것은 전쟁을 기다리는 것과 같습니다. 이미 아브라함을 통해 우리에게 경고하셨습니다.

하와 역시 동산의 모든 실과는 먹되 선악과는 먹지 말라는 하나님의 말씀에 불순종했습니다. 자신이 보기에 보암직도 하고 먹음 직스러운 선악과를 따먹음으로 인간의 고통이 시작되었습니다. 그로 인해 남자는 평생 일을 해야 먹고 살 수 있고, 여자는 심한 해산의 고통을 떠안게 되었습니다. 이처럼 순간의 선택은 아주 중요합니다.

배우자에 대한 잘못된 순간의 선택은 우리를 평생 고통스럽게 할 수도 있습니다. 하나님께서 약속하신 배우자를 만나야만 우리는 행복하고 아름다운 가정을 이룰 수 있습니다.

🌿 잘못된 선택1

제가 아는 한 자매도 저처럼 배우자를 기다리며 기도했습니다. 얼굴도 예쁘고 세상적으로 볼 때 부족함이 없었습니다. 믿음의 명문 가정을 꿈꾸던 그녀는 드디어 기다리던 배우자를 만났습니다. 형제는 나이가 좀 많았지만 잘나가는 크리스천 사업가였고, 매너도 좋았습니다.

그녀가 원하는 것은 무엇이든지 사줬고 늘 자상하고 친절했습니다. 그녀는 드디어 자신이 꿈꾸던 이상형을 만나게 됐다며 행복해했습니다. 이 정도면 하나님께서 예비하신 짝이라고 생각하기 쉽습니다.

그러나 그 꿈은 결혼과 동시에 깨졌습니다. 결혼해보니 실제로 사업은 별로였고, 형제는 일 중독이 있어 가정에 점점 소홀해졌습니다. 직접 표현은 하지 않았지만 그녀가 꿈꾸던 결혼은 돈 잘 버는 남자를 만나 평생 고생하지 않고 우아하게 사는 거였습니다. 그러나 그 선택의 결과는 절망과 고통뿐이었습니다. 결국 그녀는 우울증에 시달리며 결혼을 후회하게 되었습니다.

형제의 재력을 보고 배우자를 선택한다면 그것이 사라짐과 동시에 사랑도 사라지게 될 것입니다. 배우자를 사랑해서 결혼했다고는 하지만 그 이면에 돈을 더 사랑하는 마음이 있다면 그 순간부터 지옥 같은 결혼생활이 시작되는 것입니다.

돈을 사랑함이 일만 악의 뿌리가 되나니 이것을 탐내는 자들은 미혹을 받아 믿음에서 떠나 많은 근심으로써 자기를 찔렀도다 딤전 6:10

🌿 잘못된 선택2

제가 아는 또 한 분은 이혼하시고 아이를 혼자 키우는 싱글맘이었습니다. 첫 번째 결혼생활이 워낙 불행했고 경제적으로 어려웠습니다. 그러던 어느 날, 전문직 종사자인 한 형제를 만나게 되었고, 그는 매일같이 그녀를 집에 데려다주고 비싼 선물로 그녀의 마음을 사로잡았습니다. 그녀는 그와 결혼하면 가난에서 벗어나 멋지게 제2의 인생을 시작할 수 있을 것 같았습니다.

어쩌면 하나님께서 드디어 자신의 기도에 응답해주셨다며 감사의 눈물을 흘렸을 수도 있습니다. 딸까지 친정에 맡겨두고 결혼했고, 주변에서 보기에도 정말 복된 만남 같아 보였습니다. 그러나 그

꿈은 결혼과 동시에 깨졌습니다. 그렇게 부드럽고 자상하던 형제가 결혼해서보니 폭력을 일삼는 사람이었습니다.

이 외에도 우리 주변에는 잘못된 선택으로 불행한 결혼생활을 하는 사람들이 많습니다. 그래서 기혼자들이 미혼인 형제자매에게 되도록 결혼을 늦게 하라거나 심지어는 하지 말라고 조언하기도 합니다. 사랑과 전쟁은 드라마에만 있는 게 아닙니다. 정말 현실에도 존재합니다.

이런 배우자를 선택하는 깊은 마음의 동기에는 '욕심'이 있습니다. 잘 먹고 잘 살고 사람들에게 자랑하고자 하는 지나친 자기 사랑의 결과입니다.

욕심이 잉태한 즉 죄를 낳고 죄가 장성한 즉 사망을 낳느니라 약 1:15

자신의 배우자 선택의 기준을 솔직하게 적어놓고 그 마음을 점검해보시기 바랍니다. 겉으로는 믿음이 좋은 사람을 기다린다고 하면서 실제로는 돈 많은 배우자를 기다리고 있지는 않은지 반드시 살펴봐야 합니다. 내 마음의 주인이 하나님이 아닌 물질이라면 그것이 내 삶을 이끌어가는 주인이 되고, 그 결과는 매우 비참할 것이기 때문입니다.

주변에 이성친구가 언제나 끊이지 않는 사람들이 있습니다. 사랑하는 사람과 헤어진 지 얼마 되지 않았는데 어느새 또 다른 사람을 만나고 있습니다. 사람들은 '능력 있다'고 하지만 저는 그들의 마음에 심한 상처가 있는 것처럼 보입니다. 누군가에게 사랑받지 않으면 견딜 수 없는 사랑 중독에 빠진 것 같습니다. 채워지지 않는 갈망을 사람의 사랑으로 채우려고 하지만 그 사랑은 오래가지 못합니다.

우리 안에 채워지지 않는 공허함과 갈망을 다른 것으로 채우려고 하면 할수록 더 공허하고 허무해질 뿐입니다. 우리의 목마름과 갈망을 채울 수 있는 분은 오직 예수님밖에 없습니다. 그분만이 생수의 근원이 되는 분이십니다. 우리는 태어나면서부터 그분의 사랑을 갈망할 수밖에 없는 존재로 만들어졌습니다. 그래서 그 갈망은 그분의 사랑으로 채워져야만 끝날 수 있습니다.

하나님이여 사슴이 시냇물을 찾기에 갈급함같이 내 영혼이 주를 찾기에 갈급하니이다 내 영혼이 하나님 곧 살아 계시는 하나님을 갈망하나니 내가 어느 때에 나아가서 하나님의 얼굴을 뵈올까 시 42:1,2

남편을 다섯 번이나 바꾸었던 사마리아 여인이 있었습니다. 여섯 번째 만난 남자와는 동거 중이었습니다. 그녀 역시 첫 번째 남편을 만났을 때는 행복한 가정을 꿈꾸었을 것입니다. 그러나 어떤 이유로 이혼하고, 또 다른 남자를 만났습니다. 그와 결혼하면 행복할 거라는 기대감으로 그녀는 다섯 번이나 결혼했습니다. 하지만 다섯 번째 결혼도 실패로 끝났습니다. 여섯 번째는 결혼도 하지 않고 그냥 살고 있습니다.

아마 백 번을 결혼한다고 해도 이 여인을 행복하게 해줄 남편은 없을 것입니다. 왜냐하면 진정한 만족은 남편이나 아내로 채워질 수 없기 때문입니다. 오직 예수 그리스도만이 우리의 갈망을 채워주실 수 있습니다. 우리 안에 그분의 사랑이 충만할 때만 남편이나 아내를 사랑할 수 있습니다. 예수님의 사랑으로 채워지지 않은 상태에서의 사랑은 이기적일 수밖에 없습니다. 내 안에 채워지지 않는 사랑을 배우자에게서 찾으려고 하는 순간부터 갈등과 분쟁은 시작될 것입니다.

예수께서 대답하여 이르시되 이 물을 마시는 자마다 다시 목마르려니와 내가 주는 물을 마시는 자는 영원히 목마르지 아니하리니 내가 주는 물은 그 속에서 영생하도록 솟아나는 샘물이 되리라 요 4:13,14

하나님의 때를 기다리지 않고 나를 좋아해주는 상대가 생겼거나 혼자인 것이 외롭고 허전해서 누군가를 만난다면 하나님께서는 예비하신 배우자와의 만남을 허락하지 않으실 것입니다. 그것은 삼각관계가 되기 때문입니다. 복잡한 이성 관계를 정리할 때까지 기다리실 것입니다. 현재 교제하고 있는 이성 친구가 있다면 하나님께 여쭤보시기 바랍니다.

'하나님, 이 사람이 제 배우자가 맞나요?'

하나님께서는 어떤 방법으로든 응답하실 것입니다. 주변 사람이나 환경을 통해서 반드시 응답하십니다. 내적 음성을 들으시는 분이라면 그 마음속에 말씀하실 것입니다. 하나님의 응답 가운데 배우자에 대한 확신이 없다면 과감하게 헤어지기를 바랍니다. 정(情) 때문에 헤어지지 못한다면 평생의 가시가 될 수도 있습니다. 하나님께서 헤어지라는 사인(sign)을 주시는 데도 배우자의 직업이나 가문이나 재력 때문에 그 음성을 무시하고 결혼한다면 잘못된 선택에 대한 고통과 눈물은 온전히 내 몫이 됩니다.

제가 아는 한 형제는 신학대를 다니면서 연극배우인 자매와 결혼을 전제로 교제하고 있었습니다. 그런데 이상하게 부모님은 물론이고 주변 지인들까지 모두 반대를 했습니다. 어느 날 형제가 한 목사님을 만났는데 그분이 단도직입적으로 "하나님께서 저 자매와 헤어지기를 원하십니다"라고 말했습니다. 형제는 그것을 결정적인 하나님의 사인으로 받고 자매와 헤어지기로 결단하고 모든 관계를 깨꿋하게 정리했습니다. 물론 자매는 큰 상처를 입었고 힘들어했다는 이야기를 들었습니다. 헤어지기로 결정한 순간은 고통스럽고 힘들지라도 그것이 하나님의 뜻이라면 과감하게 헤어져야 합니다. 그 형제는 자매와 헤어진 지 몇 년 후에 하나님께서 예비하신 배우자를 만나 아름다운 가정을 이루었습니다.

하나님의 때를 잠잠히 기다리는 '기다림' 자체가 믿음의 행동입니다. 하나님의 방법을 제한하지 말아야 합니다. 우리가 먼저 행동하기 전에 하나님께서 일하실 수 있도록 그분께 기회를 드리시길 바랍니다. 놀라운 방법으로 예비하신 배우자를 만나게 하실 것입니다.

결혼 전에 마음의 상처부터 치유받자

제 흉터처럼 눈에 보이는 약함을 가진 사람도 있지만 눈에 보이지 않는 마음의 상처와 장애를 가진 사람도 있습니다. 이런 내면의 약함을 가진 사람들이 의외로 많습니다. 그런데 이 상처를 갖고 결혼하면 많은 갈등의 원인이 될 수 있습니다. 결혼하기 전에 마음의 상처를 먼저 치유받아야 합니다. 만약 제가 거절감과 용서하지 못하는 마음, 열등감과 낮은 자존감 그리고 중독 현상이 있는 채로 결혼했다면 행복한 결혼생활을 하지 못했을 것입니다.

배우자를 기다리던 2년의 시간은 깊은 내적 치유의 시간이자 신부로 단장하는 시간이었습니다. 배우자 기도를 한 지 오래되었는데도 아직 만나지 못했다면 나와 배우자 중 한 사람이 아직 준비되지 않았을 수 있습니다.

저는 '상처 종합 세트'라고 할 정도로 온갖 종류의 상처들이 있었습니다. 당시 제가 받은 내적 치유를 같이 나누면서 자신 안에 어떤 상처가 있는지 점검해보시기 바랍니다.

첫째, '거절감'입니다. 이 상처는 다른 사람들에게 받아들여지지 않고 거부되었을 때 생기고, 수치심과 열등감의 상처도 함께 올 수 있습니다. 어린 시절 친구들로부터 심한 놀림을 받은 저는 거절감의 상처가 무척 심했습니다. 남과 다른 외모는 심한 열등감과 낮은 자존감으로 이어졌고, 스스로를 무가치하게 여겼습니다. 세상으로부터 버림받았다는 생각 때문에 극단적인 시도를 하기도 했습니다.

내적 치유의 과정에서 제 거절감이 하나님께 버림받았다는 오해로부터 시작되었다는 것을 알았습니다. 제가 다칠 때 지켜주지 않고 방치하셨다는 생각 때문에 하나님을 원망했던 것입니다. 사춘기 시절에는 '내 얼굴을 고쳐주기만 한다면 사탄에게 내 영혼까지 팔아버릴 수 있어'라는 무서운 고백까지 할 정도로 깊은 거절감의 상처로 아파했습니다.

나을 것 같지 않던 이 상처는 결국 하나님의 깊은 사랑을 체험하면서 자연스럽게 치유되었습니다. 만약 그러지 않았다면 남편에게 사랑받기 위해 끊임없이 노력하다가 지쳤을 수도 있고, 매일 바가지를 긁었을 수도 있습니다. 심하면 남편의 사랑을 갈구하며 집착하는 의부증(疑夫症)으로 이어졌을 수도 있습니다.

둘째, '용서하지 못하는 마음'입니다. 이 마음은 우리 안에 그리스도의 사랑이 흘러들어오지 못하게 하며, 그분과의 친밀함도 누릴 수 없게 만듭니다. 사랑과 친밀함이 없으니 배우자와 하나가 되는 데도 큰 장애가 됩니다. 용서는 상대방이 아닌 나를 위해 해야 합니다.

저는 중2때 마치 실험 대상이 된 듯한 수술을 받으면서 의사에 대한 복수심이 생겼습니다. 화상 수술은 실패로 돌아가고 전보다 더 심한 흉터가 남았습니다. 의사들이 저를 이용했다는 느낌을 지울 수가 없었습니다. 의대에 들어가서 제 얼굴을 고칠 수 있는 방법을 찾겠다는 일념으로 독하게 공부했습니다.

하지만 복수심은 제 마음을 병들게 했고 기쁨을 빼앗아갔습니다. 진정한 평강과 기쁨이 없었습니다. 용서는 단순히 교회 문턱만 밟는다고 해결되는 문제가 아니었습니다. 나름대로 은혜도 많이 받고 기도와 말씀 생활도 꾸준히 했지만 이 문제는 풀리지 않았습니다. 흔히들 임신 중에 누구를 미워하거나 용서하지 못하면 아이가 그 사람을 닮는다고 합니다. 성경에 비추어 봤을 때 전혀 틀린 말은 아닌 것 같습니다.

그러므로 남을 판단하는 사람아, 누구를 막론하고 네가 평계하지 못
할 것은 남을 판단하는 것으로 네가 너를 정죄함이니 판단하는 네가
같은 일을 행함이니라 롬 2:1

용서하지 못하고 누군가를 계속 미워한다면 어느새 내가 그를
닮아 있을 수 있습니다. 제가 수술을 집도했던 의사와 저를 '파충
류 괴물'이라고 놀렸던 친구들을 진심으로 용서할 수 있었던 것은
성령님을 만나면서부터였습니다. 내가 죽고 내 안에 성령께서 사
시면서부터 가능해졌습니다. 가슴 깊이 십자가의 사랑을 체험하고
나니 용서하지 못할 게 없었습니다. 심지어는 그들을 향해 진심으
로 축복하는 기도까지 드릴 수 있게 되었습니다.

셋째, '중독증'입니다. 저는 드라마 중독과 일 중독, 폭식증이 있
었습니다. 화상 입은 얼굴을 잠시나마 잊으려고 드라마와 일에 빠
져들었습니다. 알코올 중독, 마약 중독, 게임 중독, 도박 중독, 성
중독 등 여러 가지 중독에 빠진 사람들의 마음에도 이런 깊은 상처
가 있을 것입니다. 이런 상처들은 반드시 치유받아야 합니다.
중독에서 벗어날 수 있는 유일한 방법은 하나님의 사랑입니다.
마음과 목숨과 뜻과 힘을 다하여 하나님을 사랑할 때 자연스럽게
중독에서 빠져나올 수 있습니다.

네 마음을 다하고 목숨을 다하고 뜻을 다하고 힘을 다하여 주 너의 하나님을 사랑하라 하신 것이요 막 12:30

넷째, 부적절한 이성 관계에 있던 사람과의 '혼적인 묶임'입니다. 가슴 아픈 짝사랑이나 실패로 끝난 사랑으로 인해 여전히 마음의 상처가 있다면 치유받아야 합니다. 특히 유부남이나 유부녀와의 불륜이나 동성애 등의 죄는 반드시 하나님께 회개하고 상대방과의 혼적인 묶임을 풀어야 합니다. 그들과 합하는 자는 그들과 한 몸이 된다고 했습니다. 우리는 창기가 아닌 주님과 한 영이 되어야 합니다.

너희 몸이 그리스도의 지체인 줄을 알지 못하느냐 내가 그리스도의 지체를 가지고 창녀의 지체를 만들겠느냐 결코 그럴 수 없느니라 창녀와 합하는 자는 그와 한 몸인 줄을 알지 못하느냐 일렀으되 둘이 한 육체가 된다 하셨나니 주와 합하는 자는 한 영이니라 고전 6:15-17

이런 묶임 외에도 주체적으로 행동하지 못하고 부모님에게 의존하는 마마보이나 홀어머니와 외아들 간에도 혼의 묶임이 있을 수 있습니다. 이런 경우는 고부간의 갈등이 일어날 수밖에 없습니다. 만약 가족 간에 이런 묶임이 있다면 결혼하기 전에 해결해야 합니다. 결혼으로 하나가 되어야 할 사람은 남편과 아내입니다. 그것은 하나님께서 허락하시고 기뻐하시는 연합입니다. 상처와 쓴 뿌리가 치유되어야 온전한 하나님의 사랑과 친밀함 가운데 거할 수 있습니다. 이것이 바로 배우자와의 온전한 연합의 열쇠입니다.

하나님의 마음을 움직이는 배우자 기도

많은 크리스천 형제자매들이 배우자를 기다리며 기도하고 있습니다. 제가 만난 신실한 청년들 중에도 배우자 기도를 하지 않은 사람은 거의 없었습니다. 하나님은 사람의 독처하는 것이 보기 좋지 못하다고 말씀하셨기 때문에 특별한 독신의 은사가 없는 한 우리가 배우자를 기다리는 것은 당연합니다.

기도 상담을 하다보면 '하나님께서 왜 배우자를 주지 않으시는지 모르겠다'며 낙담해하는 자매들이 많이 있습니다. 교회에 출석하는 청년의 비율상 자매들이 더 많기 때문에 신실한 형제를 만나는 것이 더 어렵게 느껴집니다. 그런데 크리스천들조차도 이런 청년들에게 '많은 사람들을 만나봐야 좋은 사람을 고를 수 있다'고 조언해준다고 합니다. 참 안타까운 마음이 들었습니다.

그런 말씀은 성경 어디에도 없습니다. 하나님을 향한 신뢰와 믿음으로 하는 행동이 아니라 내가 보기에 좋은 사람을 고르겠다는 불신의 행동입니다. 하나님을 정말 믿는다면 그분께서 만나게 하실 때까지 기다려야 합니다. 물론 사람을 통해 연결해주고 만나게도 하십니다. 그러나 '정말 하나님께서 예비하신 배우자인가'에 대해서 기도하며 응답받고 만남을 가져야 한다고 생각합니다.

어쩌면 제 이런 생각이 시대에 맞지 않는다고 생각하실 수도 있습니다. 하나님의 말씀은 시대를 초월한 진리이기 때문에 말씀으로 배우자를 검증하고 확증받아야 합니다. 내가 선택한 사람에 대해서는 내가 책임져야 하지만, 하나님께서 예비하신 배우자라면 하나님께서 책임져주실 것이기 때문입니다.

하나님의 마음을 움직이는 배우자 기도의 첫째는 '믿음'입니다. 믿음 없이는 하나님을 기쁘시게 할 수도 응답받을 수도 없습니다. "사람이 마음으로 믿어 의에 이르고 입으로 시인하여 구원을 이르느니라"(롬 10:10) 라는 말씀처럼 믿는다면 입술로 고백해야 합니다.

"하나님, 제게 이미 배우자를 주셔서 감사합니다."

주님은 "너희가 기도하고 구한 것은 받은 줄로 믿으라 그리하면 그대로 되리라"라고 말씀하셨습니다. 우리가 정말 믿는다면 감사하다는 고백이 저절로 나옵니다. 입술로는 믿는다고 하지만 마음으로 믿지 않는다면 염려와 걱정으로 현실을 바라보게 됩니다. 행동이 없는 믿음은 죽은 믿음이라고 했습니다. 제가 하나님께 보일 수 있는 믿음의 행동은 이미 배우자가 주신 것처럼 행동하고 말하는 것이었습니다.

영혼 없는 몸이 죽은 것같이 행함이 없는 믿음은 죽은 것이니라 약 2:26

저보다 상황이 더 열악한 사람은 그리 많지 않을 것입니다. 정말 바랄 수 없는 중에 바라보았고, 불가능하다고 생각했기 때문에 더욱더 하나님만 의지했습니다. 제가 배우자를 만날 수 있는 방법은 오직 믿음의 기도뿐이었습니다.

하나님께서는 저를 이 땅 가운데 배우자를 기다리며 기도하는 청년들에게 증인이 되게 하셨습니다. 나이가 많아서 배우자를 만나기가 어렵다고 생각하는 분들, 장애가 있어서 결혼하기 어렵다고 생각하는 분들, 부모 형제가 없고, 돈이 없어서 등 여러 가지 이유로 '나는 결혼할 수 없다'라고 생각하는 분들에게 하나님께서는 불가능이 없으시다는 것을 저를 통해 말씀하고 계십니다.

아브라함이 바랄 수 없는 중에 바라고 믿었으니 이는 네 후손이 이같으리라 하신 말씀대로 많은 민족의 조상이 되게 하려 하심이라 그가 백 세나 되어 자기 몸이 죽은 것 같고 사라의 태가 죽은 것 같음을 알고도 믿음이 약하여지지 아니하고 믿음이 없어 하나님의 약속을 의심하지 않고 믿음으로 견고하여져서 하나님께 영광을 돌리며 약속하신 그것을 또한 능히 이루실 줄을 확신하였으니 롬 4:18-21

둘째, 눈에 보이지 않는 배우자를 '사랑하며 하는 기도'입니다. 용호씨에게 편지를 쓸 때 항상 '사랑하는 용호씨' 또는 '보고 싶은 용호씨'로 시작했습니다. 누군지도 모르는 사람을 어떻게 사랑할 수 있는지 의문이 들 수도 있겠지만, 그것은 하나님나라의 비밀입니다.

하나님나라는 눈에 보이지 않지만 분명히 실재하는 곳입니다. 우리는 이미 이 땅에 속한 존재가 아니라 하나님나라에 속한 사람들입니다. 로마에 가면 로마법을 따라야 하듯 하나님나라에 들어가면 그분의 법을 따라야 합니다.

그곳은 믿음으로 들어가고 살아가는 나라입니다. 하나님나라의 주인은 하나님이십니다. 하나님의 말씀이 곧 법이고 진리입니다. 그 말씀대로 믿고 행동하고 생각하는 삶, 그 말씀을 선포하고 말씀의 열매를 누리는 삶, 그것이 바로 하나님나라의 삶입니다.

> 믿음이 없이는 하나님을 기쁘시게 하지 못하나니 하나님께 나아가는 자는 반드시 그가 계신 것과 또한 그가 자기를 찾는 자들에게 상 주시는 이심을 믿어야 할지니라 히 11:6

눈에 보여야 믿고 행동하는 것이 세상의 법입니다. 그러나 보이지 않는 것을 바라보고 기도하는 것은 바뀐 우리의 삶입니다. 하나님께서 배우자를 주실 것을 믿는다면 그를 마음에 품고 먼저 사랑하십시오. 그리고 그 형제나 자매를 향해 주시는 하나님의 마음이 있다면 기도하십시오. 그 시간이 지나면 어느 순간 내 눈앞에 꿈에도 그리던 배우자가 나타나 있을 것입니다. 지금은 없지만 믿음의 눈으로 있는 것처럼 바라보고 행동하는 것이 하나님나라의 놀라운 비밀입니다.

셋째, '배우자의 가정을 위한 기도'입니다. 용호씨를 위해 기도하면서 그에 못지않게 형제의 가정을 위해서도 기도했습니다. 그가 부모님을 공경하고 형제자매간에 서로 우애 있게 해달라고 기도했습니다. 저는 엄마를 잃은 아픔이 있기에 시어머니에 대한 각별한 마음으로 기도했습니다. 엄마를 대신할 수 있는 시어머니를 만나고 싶었기 때문입니다.

또 시부모님에 대해 특별히 기도했던 이유 중 하나는 바로 화상 입은 제 얼굴 때문이었습니다. 용호씨는 저를 사랑한다고 해도 시부모님이 반대하는 결혼은 하고 싶지 않았습니다.

이제 저도 두 아이를 둔 엄마로서 저처럼 장애가 있는 며느리를 받아들이는 것이 결코 쉽지 않다는 것을 깨닫고 있습니다. 자녀를 둔 부모라면 모두 같은 심정일 것입니다. 그래서 더 특별히 기도했던 부분입니다.

'하나님, 제 약함까지 사랑해주실 수 있는 시부모님을 만나게 해주세요.'

눈에 보이는 상처는 없더라도 마음의 상처나 약함을 가지고 있는 청년들이라면 그 부분까지 사랑할 수 있는 배우자와 시부모님을 만나게 해달라고 기도하시길 바랍니다.

누구나 약점이 있고 부족한 부분이 있습니다. 우리는 완벽한 사람과 결혼한 게 아니고 서로 부족한 사람들끼리 만나서 결혼합니다. 하나님께서는 내 단점을 보완해주는 배우자를 만나게 하십니다. 그리고 배우자의 단점까지도 사랑할 수 있는 마음을 달라고 기도한다면 우리에게 배우자를 향한 긍휼의 마음을 부어주실 것입니다.

Part 2

약함에 허락된 축복

3

성령님이
함께하시는 결혼

결혼을 앞둔 어느 날, 브라이언 박 목사님 부부와 식사를 하게 되었습니다. 목사님은 '내가 매일 기쁘게' 방송에 제가 나온 바로 다음 회에 출연하신 분이셨습니다. 그런데 제 방송을 보시고는 안타까운 마음이 들어 바로 중보기도를 시작하셨다고 합니다. 목사님은 결혼 10년차로 부부가 주 안에서 사랑하는 것이 얼마나 복되고 아름다운지 아는 분이셨습니다. 그래서 제 기도가 꼭 이루어지기를 바라며 기도하셨습니다.

'하나님, 효진자매가 용호씨를 꼭 만나게 해주세요.'

그리고 방송이 나가고 한 달 후에 제가 용호씨를 만났다는 소식을 들으시고 만남의 자리를 갖게 된 것입니다. 목사님은 예비부부인 저희에게 언제나 처음처럼 사랑할 수 있는 비법을 전수해주셨습니다.

첫째, 부부 싸움을 절대 하지 말라는 것입니다. 목사님 부부는 결혼 10년이 되도록 단 한 번도 싸우신 적이 없다고 합니다. 그럴 만한 환경은 무척 많았지만 싸움이 날 것 같은 상황이 되면 목사님이 먼저 사모님께 무릎을 꿇으셨다는 것입니다.

만약 성경에 부부 싸움을 하면 정이 든다고 나왔다면 매일 싸웠을 거라고 목사님이 말씀하셨습니다. 그러면서 부부 싸움을 하지 않는 게 하나님께 순종하는 거라고 하셨습니다. 결혼 5년차인 우리 부부에게 아직까지 서로를 물고 뜯는 부부 싸움이 없었던 것은 목사님의 조언과 때마다 지혜를 주신 하나님의 은혜 때문입니다.

둘째, 남편은 아내에게 일주일에 한 번씩 데이트 신청을 하라는 것입니다. 연애할 때처럼 결혼 후에도 서로를 위한 시간을 꼭 가지라고 말씀해주셨습니다. 우리는 결혼하고 바로 출산과 육아로 이어지면서 이 말씀을 지키기가 참 어려웠습니다. 그러다가 최근에 함께 운동을 해야겠다는 생각이 들었습니다. 건강해야 하나님께 열심히 쓰임 받을 수 있지 않을까 하는 생각이 든 것입니다. 사실 저는 운동에는 흥미가 거의 없습니다. 그래도 남편과 함께 재미있게 할 수 있는 운동이 없을까 고민하던 중 그가 좋아하는 탁구를 치기로 했습니다. 신혼 초부터 남편은 같이 운동하자고 했었는데 계속 미뤄왔던 터였습니다. 지금은 함께 운동을 하면서 둘만의 취미생활도 갖고 데이트까지 하면서 일석이조의 효과를 보고 있습니다.

셋째, 결혼하고도 손을 꼭 잡고 다니고, 시간이 날 때마다 아내를 많이 안아주라는 것입니다. 아내는 스킨십을 통해 남편의 사랑을 느낀다고 합니다. 저는 '미국 정서랑 한국 정서가 다른데 그게 가능할까'라는 의문이 들었습니다. 목사님 부부는 여전히 신혼부부처럼 두 손을 꼭 잡고 다니신다고 합니다. 하지만 우리 부부는 한국 정서에 맞게 둘이서 있을 때만 손을 잡고 다니고 있습니다.

넷째, 집에서도 편한 옷은 입지 말라는 것입니다. 사모님은 여태까지 집에서 트레이닝복을 한 번도 입지 않으셨다고 합니다. 저는 이 말을 결혼 후에도 남편과 아내 모두 스스로를 잘 가꿔야 한다는 뜻으로 받아들였습니다. 특히 여자의 경우는 임신과 출산을 하고 산후조리하면서 살이 찌지 않도록 잘 관리하는 게 좋을 것 같습니다. 이는 남편도 예외는 아닐 것입니다. 결혼과 동시에 내 몸은 내 것이 아니기 때문입니다. 부부는 연합하여 한 몸을 이루었기 때문에 나를 위해서뿐만 아니라 가족을 위해서도 내 몸과 마음을 항상 건강하고 아름답게 가꾸어야 합니다.

목사님은 예비부부들에게 네 가지를 항상 강조한다고 하시면서 저희 부부를 축복해주셨습니다. 보통 결혼을 준비하면서 부부가 어떻게 사랑해야 하는지 배우지 못하는 것에 대해 목사님은 무척 안타까워하셨습니다.

저도 결혼을 준비하면서 행복한 가정의 모델을 찾기가 참 어려웠습니다. 결혼과 관련된 이론서는 많지만 삶으로 나타나는 가정은 많지 않다는 것을 알게 되었습니다. 하나님께서 허락하신다면 아름다운 가정의 모습으로 예비부부들에게 하나님께서 주신 지혜를 함께 나눌 수 있었으면 좋겠습니다.

싸우지 마세요

결혼을 준비하는 과정에서 예비부부들이 많이 싸우게 된다는 이야기를 종종 듣게 됩니다. 저는 핑크빛 사랑에 푹 빠져 있을 때 '서로 사랑하면 되지, 왜 싸울까'라는 의문이 들었습니다. 그러나 결혼을 준비하면서 충분히 싸울 수 있는 요소들이 많다는 것을 알게 되었습니다. 한 시간의 결혼식을 위해 얼마나 많은 준비를 해야 하는지 경험해본 사람이라면 잘 알 것입니다. 행복한 결혼을 준비하면서 서로 싸우고 미워한다는 것은 정말 슬픈 일입니다.

서로 처음인 결혼을 준비하는 과정에서 감사하게도 남편은 모든 의사결정을 제게 맡겼습니다. 자신의 의견을 주장하지 않으니까 싸울 일이 없었습니다. 그럼에도 불구하고 저는 꼭 남편의 의견을 물었습니다.

"신혼여행은 어디로 가면 좋을까요?"

"저는 효진씨와 함께라면 어디든 좋으니까 마음대로 골라요."

"우리 어디서 살면 좋을까요?"

"저는 효진씨와 함께라면 어디라도 좋아요."

결혼의 모든 과정 가운데 남편은 한결같이 제가 좋은 대로 결정하라고 했습니다. 이것은 결혼 후에도 마찬가지였습니다. 가정을 이루고 살다보면 의사 결정의 순간들이 참 많이 있습니다. 건강이나 안전 등 아주 중대한 의사결정 외의 모든 것을 제게 맡기는 남편이 참 고마울 때가 많습니다. 어느 날 남편에게 왜 자신의 의견을 주장하지 않느냐고 물어본 적이 있었습니다. 그런데 남편은 그것이 성경적이라고 대답했습니다.

"그런 말씀이 성경에 있어요?"

"아브라함과 롯의 이야기에서 먼저 양보하면 더 좋은 것을 하나님께서 주시잖아요. 부부 관계에서도 마찬가지인 것 같아요."

남편은 양보할 때 더 좋은 것으로 채우시는 하나님을 이미 여러 번 경험했기에 부부 관계에서뿐만 아니라 모든 관계에 있어서 먼저 배려하는 습관이 몸에 배어 있습니다. 그런 그가 참 지혜롭다는 생각이 들었습니다. 그래서 가끔은 그가 어떤 악처와 살더라도 싸우지 않고 잘 살 것 같다는 생각이 든 적도 있었습니다.

왕비가 되고 싶다면

'결혼은 현실'이라는 말을 공감하기 시작한 것은 신혼여행을 돌아와서부터입니다. 행복한 신혼여행을 마치고 집에 돌아오자 집안일이 우리를 기다리고 있었습니다. 신혼 초에 남편은 대학원 시험을 준비하고 있었기 때문에 상대적으로 저보다 시간이 많았습니다. 더군다나 저는 허니문 베이비가 생기면서 입덧이 심한 탓에 아무 일도 할 수 없었습니다. 이런 상황이다보니 남편이 집안일을 많이 하게 되었습니다.

남편과 가정예배를 드리던 어느 날, 그날은 서로의 다름을 이해하고 하나되는 시간을 가져야겠다고 생각했습니다. 말씀과 기도를 드리고 나서 남편에게 물었습니다.

"혹시 제가 고쳐야 할 점이 있으면 말해주세요."

평소에는 하나도 없다고 말하던 남편이 곰곰이 생각하더니 처음으로 제가 고쳤으면 하는 것을 말했습니다.

"수건을 다 쓰고 제자리에 놓아주세요."

제가 수건을 쓰고는 화장대 의자에 걸쳐놓는 습관이 있다는 것이었습니다. 그런데 이런 요구를 짜증스럽게 말했다면 분명히 제 마음이 상했을 것인데 함께 예배를 드린 후에 성령충만함 가운데 말하니 마음이 전혀 상하지 않았습니다.

집안일을 많이 도와주는 남편에게 어느 날 제가 말했습니다.

"집안일을 많이 도와줘서 정말 고마워요. 당신은 참 자상한 남편이에요."

"그게 뭐가 고마워요? 시간이 되는 사람이 하는 게 당연하죠."

남편의 대답에 저는 무척 놀랐습니다. 일반적으로 남편들이 가끔 집안일을 도와주는 것도 감사한 일이라고 생각하는데, 남편의 대답은 의외였습니다. 하루는 예배를 드리는데 남편이 묵상한 말씀이 있다면서 성경을 폈습니다.

남에게 대접을 받고자 하는 대로 너희도 남을 대접하라 눅 6:31

"효진씨, 앞으로 서로에게 바라는 점이 있으면 주님의 말씀처럼 먼저 대접하고 섬기기로 해요."

저는 이 말씀을 마음에 심었습니다. 그리고 상대에게 바라는 점이 있으면 제가 먼저 해야겠다고 마음먹었습니다. 남편이 설거지를 해줬으면 하고 바라면 제가 먼저 하고, '사랑해'라고 말해주기를 바라면 먼저 '사랑해'라고 말하는 것입니다. 어쩌면 '왕비가 되고 싶으면 남편을 왕처럼 대하라'라는 말과 같은 말씀일 것입니다. 남편을 종처럼 대하면 내가 종의 아내가 되는 것이고, 남편을 존귀하게 대하면 내가 존귀함을 받는 것입니다.

서로에 대해 공부하기

제가 아는 사모님 중에 대화를 무척 좋아하시는 분이 계셨습니다. 그런데 남편 목사님은 대표적인 무뚝뚝남이셨습니다. 처음 10년간은 서로 달라 거의 매일 싸우셨다고 합니다. 그런데 지금은 목사님이 대화를 좋아하는 아내를 위해 터득한 방법이 있다고 합니다. 아내가 말을 시작하면 세 마디의 말만 하면 된다는 것입니다.

"응."

"그래서…."

"계속해 봐."

부부 관계는 남자와 여자가 서로를 이해하는 것에서부터 시작된다고 생각합니다. 서로 다르게 창조되었기 때문에 그 다름으로 상대방을 비난하는 것은 배우자를 창조하신 하나님을 비난하는 것과 같습니다. 여자들은 한 시간씩 전화 통화를 하고서도 끊을 때면 "자세한 얘기는 만나서 하자"라고 말할 정도로 대화와 관계를 중요하게 생각합니다.

하루 종일 일하다 지쳐서 돌아온 남편은 재충전을 하고 싶지만 남편만 기다렸던 아내는 끊임없이 말을 시킵니다. 여기서부터 갈등은 시작됩니다. 남편이 아내와의 대화를 즐겁게 생각하면 가장 이상적이겠지만 대부분의 남자들에게는 쉽지 않은 일입니다. 서로 눈빛을 맞춰가며 말을 들어주기만 해도 아내는 만족스러워 할 것입니다. 이런 아내의 이야기가 듣기 힘들어서 TV를 켜거나 스마트폰만 들여다본다면 아내들의 마음은 상할 수밖에 없습니다.

남편들아 아내를 사랑하며 괴롭게 하지 말라 골 3:19

처음 사랑에 빠졌을 때는 서로의 다름에 매력을 느꼈을 것입니다. 그러나 그 점들이 결혼생활을 하면서 갈등의 원인으로 변하는 것을 종종 보게 됩니다. 민감하고 예민한 아내들에 비해 남편들은 놀라운 정도로 단순한 편입니다. 그렇기 때문에 아내의 헤어스타일이 바뀌어도 남편들은 전혀 알지 못하는 경우가 많습니다. 그래서 그런 남편의 무관심에 마음이 상하기도 합니다.

저도 그런 경험이 있었습니다. 머리를 자르고 파마까지 했는데도 남편은 전혀 알아보지 못했습니다. 처음에는 결혼 후 저에 대한 남편의 관심이 사라졌다고 오해했습니다. 그런데 시간이 지나면서 그런 작은 변화를 인지할 만큼 남편이 예민하지 않다는 것을 알게 되었습니다. 그래서 미용실을 다녀온 날이면 남편에게 먼저 말합니다.

"저, 파마했어요. 어때요?"

"정말 잘 어울리네요."

옆구리 찔러서 절 받기인 것 같지만 남편이 무심하다고 삐쳐 있는 것보다는 서로를 위해 좋다는 생각이 듭니다. 아내들은 보통 남편에게 서운한 점이 있으면 마음속에 담아두었다가 한꺼번에 폭발하는 경향이 있습니다. 그러다보니 남편에 대한 묵은 감정들이 올라오면서 과거의 잘못까지 끄집어내서 비난하게 되고, 싸움이 걷잡을 수 없이 커지게 됩니다. 남편의 입장에서는 아내가 무엇 때문에 속상해하는지도 모르는 상태에서 당하는 것입니다.

최근에 탁구를 함께 치면서 남편이 기쁜 마음으로 저를 잘 가르쳐줬습니다. 그런데 어느 날은 탁구를 치면서 한숨을 쉬었습니다.

"왜 한숨을 쉬어요?"

"초보자를 가르치는 게 이렇게 힘든지 몰랐어요."

남편의 솔직한 반응에 저는 마음이 상하고 말았습니다. 초보인 저랑 탁구를 치면서는 힘들어하다가 실력 좋으신 아주머니들이랑 칠 때 즐거워하는 모습을 보니 기분이 더 상했습니다.

"필겸씨, 저 마음이 상했어요."

"아까 한 말 때문에 그래요?"

"그것도 그렇지만 저랑 더 즐겁게 쳐줘야 하잖아요."

"아, 미안해요."

남편의 사과를 받고 나서야 마음이 풀렸습니다. 제가 만약 남편에게 설명하지 않고 마음속에 담아두었다면 남편에 대한 서운한 마음은 계속 올라왔을 것입니다. 서로의 생각이나 감정이 다를 수 있다는 것을 이해하는 게 중요합니다. 그리고 그것에 대해 언제나 오래 참아주고, 온유하며 서로에게 무례하지 않게 행동하는 게 '사랑'입니다.

사랑은 오래 참고 사랑은 온유하며 시기하지 아니하며 사랑은 자랑하지 아니하며 교만하지 아니하며 무례히 행하지 아니하며 자기의 유익을 구하지 아니하며 성내지 아니하며 악한 것을 생각하지 아니하며 불의를 기뻐하지 아니하며 진리와 함께 기뻐하고 모든 것을 참으며 모든 것을 믿으며 모든 것을 바라며 모든 것을 견디느니라 고전 13:4-7

동굴 앞에서 기다려라

제가 그러는 것처럼 남편도 어떤 문제가 생겼을 때 함께 상의하고 고민하기를 바랐습니다. 부부는 서로를 이해해주는 가장 든든한 지원군이기 때문입니다. 그런데 남편에게도 대부분의 남자들이

가지고 있는 '동굴 심리'가 있다는 것을 알게 되었습니다. 늘 자상하고 따뜻한 남편이 갑자기 입을 굳게 닫고 말을 하지 않을 때가 있는 것을 보고 무척 놀랐습니다. 처음에는 제게 불만이 있어서 그런가 하고 오해를 하기도 했습니다. 그러나 남편은 해결해야 할 문제 앞에서 조용히 혼자만의 시간을 갖는 습관을 갖고 있다는 것을 알게 되었습니다.

대학원 공부와 교회 사역으로 많이 바빠진 그에게 해결해야 할 과제가 많던 어느 날이었습니다. 지친 그를 위로하고 힘을 주고 싶다는 생각에 '하나님, 제 입술을 잘 지켜주세요'라고 기도하면서 말을 걸었습니다.

"필겸씨, 무슨 일이 있어요?"

"아니요, 졸려요."

남편은 저와 아예 대화를 하려고 하지 않았습니다. 저는 하나님께 여쭈었습니다.

'아빠, 어떻게 하죠?'

'네 남편이 내 앞으로 문제를 가지고 와서 해결할 때까지 기다려주거라.'

이런 응답을 받았지만 금방 포기하기가 힘들었습니다. 평소 자상하던 남편이 침묵하고 있는 건 정말 견디기가 쉽지 않았습니다. 그래서 다시 한번 대화를 시도했습니다.

"필겸씨, 저랑 대화하면서 해결될 수도 있잖아요. 저한테도 말해 주세요."

"효진씨, 지금은 정말 피곤해요. 자고 싶어요."

저는 서운했지만 억지로 그를 동굴 밖으로 끌어내는 건 불가능하다는 생각에 포기했습니다. 예전에 남자와 여자의 심리를 잘 묘사한 《화성에서 온 남자 금성에서 온 여자》를 재미있게 읽었는데, 그중 남자에 대한 인상 깊은 구절이 있었습니다.

'남자의 동굴에는 절대 따라 들어가지 마라. 그렇지 않으면 용이 뿜어대는 불길에 데고 말 것이다.'

아마 강제로 남편과 대화를 계속 시도했다면 다툼이 일어났을 수도 있었을 것입니다. 그래서 저는 하나님 앞으로 문제를 가지고 갔습니다. 그러자 서운해하는 제게 성령께서 말씀하셨습니다.

'효진아, 그냥 두거라. 남편의 의로운 심령이 상하였구나.'

'아, 어떡해요? 도와주세요!'

'내 마음에 합한 아들이란다. 내가 함께할 것이란다.'

그 순간 제게 떠오른 성경 말씀이 있었습니다.

나의 영혼이 잠잠히 하나님만 바람이여 나의 구원이 그에게서 나오는도다 시 62:1

하나님께서 창조하신 남자와 여자는 확실히 다른 것 같습니다. 여자들은 보통 스트레스를 받거나 고민이 생기면 대화를 하면서 풀지만, 남자들은 자기만의 동굴로 들어가 혼자만의 시간을 가지며 해결책을 찾을 때까지 나오려고 하지 않습니다.

여자들에게는 이런 기다림이 쉽지 않은 것 같습니다. 여자들은 관계를 중요시하고 나눔을 좋아하기 때문입니다. 저 역시 마찬가지입니다. 남편이 대화의 문을 열지 않으면 마음은 좀 힘들지만 강제로 그 문을 열지 않기로 했습니다. 대신 그 시간 동안 내 작은 신음에도 응답하시는 하나님과 대화를 하려고 했습니다. 하나님께서 창조하신 여자와 남자의 다름에 대해 조금만 이해한다면 부부 싸움을 하지 않고 서로 대화로 충분히 문제를 해결할 수 있을 것입니다.

남편 역시 그런 아내들을 향해 무뚝뚝하고 차갑게 반응한다면 아내들은 상처받으며 사랑받지 못한다고 느낄 수도 있습니다. 그럴 때 남편들은 아내에게 "지금 어떤 문제로 기도 중이니 조금만 기다려달라"라고 말해주면 좋을 것 같습니다. 어떤 경우에는 조용히 묵상 중인 남편에게 바가지를 긁으면서 싸움을 거는 아내가 있을 수도 있습니다. 그런 아내들에게는 남편을 위해 중보하면서 기다려주라고 말해주고 싶습니다.

저는 그날 남편을 위해 기도하며 잠잠히 기다려주었고, 이른 새벽에 교회에 간 남편에게서 문자메시지가 왔습니다.

'많이 사랑하고 또 사랑해요. 그리고 미안하고 또 미안해요. 내 부족함을 항상 기도로써 이해해주고 받아줘서 고마워요. 요즘 생각이 복잡해서 혹시나 입을 열었다가 당신에게 상처를 줄까 봐 조심스러웠어요. 항상 고마워요, 그리고 사랑해요.'

제가 서운한 마음을 하나님 앞으로 가져가자 하나님께서 남편의 마음을 움직여 저를 위로하게 하셨습니다. 내가 해결하려고 하면 부부 싸움으로 이어지겠지만, 하나님께서 해결해주시면 더 큰 사랑으로 만들어주십니다. 저는 남편의 문자를 받고 눈물이 핑 돌았습니다. 얼마나 기쁘고 감사한지 설레는 마음으로 답장을 보냈습니다.

'이렇게 마음을 표현해줘서 고마워요. 기다리지 못하고 만날 재촉만 해서 저도 미안해요. 당신에게 사랑받고 싶은 마음이 올라와서 그런 것 같아요. 세상에서 제일 멋진 당신, 사랑해요.'

기도하는 아내

한번은 건설사에 미팅을 갔다가 담당자와 함께 구내식당에서 저녁 식사를 하게 되었습니다. 그런데 저녁을 먹고 있는 남자 직원들이 많은 것을 보고는 깜짝 놀라 물었습니다.

"이 회사는 야근을 정말 많이 하시네요."

"하하, 아닙니다. 저녁도 안 먹고 퇴근하면 아내한테 구박받기 때문에 저녁을 먹고 가는 남자들이 점점 많아지고 있습니다. 요즘 어떤 간 큰 남자가 집에 가서 저녁을 차려달라고 합니까?"

저는 이 이야기를 듣고 씁쓸한 생각이 들었습니다. 심지어는 주말이면 아내들의 잔소리를 피해 차 안에서 스마트폰으로 TV를 보는 남편들이 늘고 있다는 이야기도 들었습니다. 지금 우리는 '여인천하'라고 할 정도로 여권(女權)이 많이 신장된 세상에서 살고 있습니다. 심지어는 이사를 갈 때 남편을 놓고 갈 수도 있으니 조심하라는 유머까지도 돌 정도입니다.

고개 숙인 남자, 황혼 이혼 등으로 남자들의 설 자리가 점점 없어지고 있습니다. 과연 이런 현상이 성경적인가에 대해 의문을 품지 않을 수 없습니다. 하나님께서 현숙한 아내는 남편에게 선을 행하고 악을 행하지 않는 거라고 말씀하고 계십니다.

아내들이여 자기 남편에게 복종하기를 주께 하듯하라 이는 남편이 아내의 머리 됨이 그리스도께서 교회의 머리 됨과 같음이니 그가 바로 몸의 구주시니라 그러므로 교회가 그리스도에게 하듯 아내들도 범사에 자기 남편에게 복종할지니라 엡 5:22-24

이것은 아내들에게 주신 말씀으로 반드시 순종해야 하는 것입니다. 우리가 정말 하나님을 사랑한다면 그분의 계명을 지켜야 한다고 말씀하셨습니다. 우리가 말로만 하나님을 사랑하는 게 아니라 말씀을 지킬 때 정말로 그분을 사랑한다고 할 수 있습니다.

물론 남편이 지혜롭지 못하고 존경받을 만하지 못할 수도 있습니다. 그렇다면 하나님께 그런 남편을 존경할 수 있도록 바꿔달라고 기도하면 좋을 것 같습니다. 남자는 여자의 잔소리와 바가지로 바뀔 수 있는 존재가 아닙니다. 하나님께서 그렇게 창조하지 않으셨기 때문입니다. 그리고 모든 문제를 성령께서 조명해주시는 가운데 내게서 먼저 찾는 게 좋다고 생각합니다.

남편은 저보다 6살 연하이지만 진심으로 남편을 존중하고 존경합니다. 저는 배우자에 대해 기도하면서부터 그런 아내가 될 수 있게 해달라고 기도했습니다. 그리스도의 사랑 안에서 머리로 주신 남편을 주님을 사랑하듯이 사랑하고 섬기는 것입니다. 어쩌면 아내들은 남편의 단점을 고쳐 그를 바꾸는 게 자신의 사명이라고 생각할 수도 있습니다. 이렇게라도 하지 않으면 남편이 더 나빠질 것이라고 생각하기 때문입니다. 그러나 그것은 정말 큰 오해입니다. 남편은 그리스도 안에서 온전히 거하는 아내의 사랑과 기도로만 바뀔 수 있습니다.

제가 배우자를 기다리며 기도했던 2년은 신랑을 기다리는 신부로서 어떻게 해야 남편을 더욱더 사랑하고 아름다운 가정을 이룰 수 있을지에 대해 준비했던 시간이었습니다. 저는 '남편에게 복종하기를 주께 하듯하라'는 말씀대로 살기 위해서 어떻게 해야 하는지 기도했습니다. 그때 하나님께서 깨닫게 해주신 몇 가지를 나누고 싶습니다.

첫째, 남편에게 서운하거나 화나는 일이 있더라도 화를 내거나 소리를 지르지 않습니다. 지금까지 단 한 번도 남편을 그렇게 대한 적이 없습니다. 그러나 정말 참기 힘들 때는 눈물로써 마음을 표현한 적은 있습니다. 화내는 것보다는 눈물이 더 효과적일 수도 있습니다. 그런 상황에 직면하면 저는 하나님 앞으로 그 문제를 가지고 갑니다. 그럴 때마다 하나님께서는 동일하게 말씀하십니다.

'남편에게 주께 하듯하라. 사랑은 오래 참고 온유한 것이다.'

아마 어떤 아내가 하나님께 기도하더라도 동일하게 말씀하실 거라는 생각이 듭니다. 제 안에 성령님이 말씀하셨기에 기꺼이 순종했고 남편과 대화를 통해 서로의 마음을 나누고 서운한 점을 이야기했습니다. 그렇게 오해를 풀기도 하고 서로에 대해 더 이해하는 시간을 갖기도 합니다.

둘째, 아무리 화가 나더라도 분을 품은 상태에서 하루를 넘기지 않습니다. 물론 어떤 상황이냐에 따라 지키기 어려울 수도 있습니다. 그러나 하나님께서는 "분을 내어도 죄를 짓지 말며 해가 지도록 분을 품지 말고 마귀에게 틈을 주지 말라"(엡 4:26, 27)라고 말씀하셨습니다. 분을 품는 것 자체가 마귀에게 틈을 줄 수 있기 때문에 가급적 빠른 시간 안에 서로를 용서하고 대화로 갈등을 해결하도록 노력해야 합니다.

마귀는 틈만 나면 가정을 파괴하려고 하기 때문입니다. 그때부터 서로를 더 비난하고 용서하지 못하고 가정이 지옥으로 변하게 됩니다. 처음에는 작게 시작한 다툼이 나중에는 걷잡을 수 없이 큰 싸움이 되기도 합니다. 이것은 부부의 문제를 넘어 가정 전체가 무너질 수도 있는 문제입니다. 부부 싸움을 하는 가정에서 자란 자녀의 마음에 얼마나 큰 상처가 남는지 생각해보아야 합니다.

셋째, 부부가 싸우고 나서도 각방을 쓰지 않습니다. 싸웠다고 각방을 쓰게 되면 관계는 점점 더 소원해지고 화해하기가 더 어려워지게 됩니다. 남편은 제가 연년생의 아이들을 밤에 재울 때면 늘 옆자리를 지켜줍니다. 잠자기 전에 대화를 하지 못하면 대화할 시간이 도저히 나지 않기 때문입니다. 그 시간에 하루에 있었던 일이나 육아에 대해 이야기를 나눕니다. 대화를 통해 서로에 대해 깊이 알아가는 시간이기에 아주 피곤하지 않는 한 둘만의 대화 시간을 갖습니다.

사실 이것은 엄마에게 배운 지혜이기도 합니다. 제가 중고등학교 시절 거실에서 밤늦게까지 공부하다보면 엄마와 아빠의 대화가 들리곤 했습니다. 엄마의 행복해하는 웃음소리가 지금도 귓가에 들리는 것 같습니다. '무슨 할 말이 그렇게도 많으시기에 밤늦도록 대화의 꽃을 피우실까'라고 생각한 적이 한두 번이 아니었습니다.

우리 4남매가 모두 서울에서 자취했을 때였습니다. 대학생 때 저는 엄마에게 서울로 올라와달라고 몇 번 부탁드린 적이 있었습니다. 자식들이 다 서울에 있으니 엄마가 올라오는 게 좋을 거라고 생각했습니다.

"엄마, 서울에서 우리랑 같이 살아요. 자식들이 다 서울에 있고 자주 왔다 갔다 하느니 같이 살면 좋잖아요."

"효진아, 아빠 때문에 안 된다. 아빠 곁에는 엄마가 있어 드려야 해. 엄마에게는 아빠가 더 우선이란다."

"엄마는 아빠만 사랑하나 봐요? 나도 엄마가 필요한데요."

"아빠는 엄마가 없으면 안돼."

당시 저는 엄마의 말을 이해할 수 없었습니다. 그러나 결혼하고 나서야 엄마가 참 지혜로우셨다는 것을 알게 되었습니다.

몇 년전부터 우리나라에는 기러기아빠(자식의 유학을 위해 홀로 국내에 남아 돈을 버는 아빠)문제가 심각해지고 있습니다. 부부가 떨어져 있다보니 외도 등의 문제로 이혼하기도 하고, 서로 떨어져 살다보니 예전의 관계로 돌아가기 어려운 경우도 많다고 합니다. 더 심각한 것은 외로움과 경제적 부담을 이기지 못하고 자살을 하는 경우도 있습니다. '자식 교육'이라는 명분으로 부부가 떨어져 살면서 가정이 붕괴되고 있는 것입니다.

물론 모든 가정이 처한 환경이 다르기 때문에 보편적으로 결론내리기는 어려울 수 있습니다. 그러나 주님을 가정의 주인으로 모셔들이고 그분께 지혜를 구한다면 각자에게 처한 상황에 맞게 해결해 주실 것입니다. 우리의 생각보다 더 높고 깊은 하나님의 계획이 가정을 아름답게 만들어갈 것입니다.

속사람을 단장하는 성령화장품

너희의 단장은 머리를 꾸미고 금을 차고 아름다운 옷을 입는 외모로 하지 말고 오직 마음에 숨은 사람을 온유하고 안정한 심령의 썩지 아니할 것으로 하라 이는 하나님 앞에 값진 것이니라 전에 하나님께 소망을 두었던 거룩한 부녀들도 이와 같이 자기 남편에게 순종함으로 자기를 단장하였나니 벧전 3:3-5

결혼하기 전부터 아름답게 단장하며 즐겨쓰는 화장품이 있는데 그것은 바로 '성령화장품'입니다. 그것만 쓰면 아무리 못생긴 사람일지라도 아름답게 빛이 납니다. 하나님의 존재는 그 자체만으로도 아름답고 완전하며 거룩하시기 때문입니다. 하나님께서는 저를 아름답게 꾸미시어 배우자를 만나게 하시고는 명령하셨습니다.

'네 남편에게 순종해라.'

하나님께서는 아내의 단장에 대해 명확하게 말씀하고 계십니다. 우리는 머리를 꾸미고 금은보석으로 치장하며 값비싼 옷으로 아름다워지는 게 아니라 오직 속사람이 하나님 앞에서 아름다워져야 한다고 말씀하고 계십니다.

아름다운 아내가 남편에게 돈을 많이 벌어오라고 바가지를 긁는다면 그 남편은 아내에게 '당신은 정말 아름다워'라고 고백하기 어려울 것입니다. 속사람이 아름다워 보이지 않기 때문입니다. 하나님을 진정으로 경외하는 아내는 남편에게 칭찬을 받을 것입니다. 또한 하나님을 경외한다면 남편에게 순종하게 될 것입니다. 하나님께서 남편을 온유하고 부드럽게 대하며 존중하는 아내가 '아름다운 단장'을 한 것이라고 말씀하고 계십니다.

> 고운 것도 거짓되고 아름다운 것도 헛되나 오직 여호와를 경외하는 여자는 칭찬을 받을 것이라 잠 31:30

속사람이 아름다워지면 겉사람은 비싼 보석과 옷이 아니어도 아름답게 빛날 것입니다. 진정한 아름다움은 외모에 있는 게 아니고 내면에서 흘러나오기 때문입니다. 예수님께서 이미 빛으로 우리 안에 오셨기 때문에 우리는 명품 가방이나 옷으로 빛나는 존재가 아닙니다. 그리스도의 핏값으로 사신 바 된 우리는 이미 걸작품이고 명품입니다. 제 눈에는 지금도 남편이 세상에서 가장 멋있고 최고의 신랑입니다. 저는 아이들에게도 그렇게 고백하게 합니다.

"예린아, 아빠 최고! 아빠 멋져!"

"아빠 최고! 아빠 멋있어."

이 고백이 남편을 점점 더 멋진 사람으로 변화시켜갈 거라고 생각합니다. 우리의 입술에 얼마나 큰 권세와 능력이 있는지 체험했기 때문에 이런 고백을 할 수 있는 것입니다. 남편에게 무능력하다고 구박한다면 정말, 그런 사람이 되어 있을 것이고, 당신을 만난 게 내 인생의 가장 큰 불행이라고 한다면 그 아내는 세상에서 가장 불행한 사람이 될 것입니다.

하나님께서는 태초에 말씀으로만 세상을 창조하셨고, 그분의 형상과 모양대로 우리를 지으셨습니다. 우리의 남편과 아내에 대한 고백과 마음의 생각은 가까운 미래에 이미 이루어져 있을 것입니다. 우리는 입술의 고백대로 열매 맺도록 창조되었기 때문입니다.

네 입의 말로 네가 얽혔으며 네 입의 말로 인하여 잡히게 되었느니라

잠 6:2

대학시절 저는 명품 가방이나 화장품을 쓰는 친구들을 무척 부러워했습니다. 친구들은 마치 명문가의 며느리가 되기 위한 준비를 하고 있는 듯했습니다. '친구들처럼 나도 명품 가방 하나쯤은 들고 다녀야 하지 않을까'라는 생각이 들었지만 비싸서 금방 포기했습니다. 한 번도 명품 가방을 들고 다닌 적이 없다가 한 회사 사장님이 비싼 명품 가방을 선물로 주신 적이 있었습니다. 저는 그 가방을 들고 다니면서 마치 제가 명품이 된 듯한 착각이 들었습니다. 그 가방은 제 허영심을 만족시켜주었고, '가짜라도 몇 개 더 사서 들고 다닐까'라는 생각까지 했습니다. 하나님을 믿고 교회를 다녔던 20대 후반이었습니다.

그런데 서른네 살에 성령님을 만나면서 저는 그런 생각이 얼마나 어리석었는지 알게 되었습니다. 이미 제 존재가 하나님 앞에서 명품이었기 때문에 그런 가방은 더 이상 제게 아무런 의미가 없었습니다. 물론 지금은 명품을 가진다 해도 예전에 가졌던 만족감을 느끼지는 않을 것입니다. 그것은 제게 명품이 아니라 그냥 가방이기 때문입니다. 그래서 이제는 하나님 안에서 명품 가방이든 뭐든 누릴 수 있습니다. 그러나 그렇게 하지 않는 것은 명품이 제 빛으로 인해 의미가 없어졌기 때문입니다. 제 존재 앞에서는 값비싼 명품도 초라해질 것입니다.

아내들을 아름답게 꾸밀 수 있는 것은 오직 성령 안에 거하는 방법밖에 없습니다. 성령으로 인해 얼굴에 빛이 나는 성령화장품을 애용하시기 바랍니다. 우리의 육신은 세월이 흐를수록 낡아지고 시들어가지만 우리의 속사람은 더 아름답고 강건해질 수 있습니다.

그러므로 우리가 낙심하지 아니하노니 우리의 겉사람은 낡아지나 우리의 속사람은 날로 새로워지도다 고후 4:16

명품 아내가 되기 위해서는 성령충만함으로 속사람이 날마다 새로워지는 방법밖에는 없습니다. 세월은 우리에게 주름을 주겠지만, 성령님은 기쁨과 감사의 삶을 살아내는 우리에게 주름마저 아름다워 보이는 그런 아름다움을 주실 것입니다.

유리그릇처럼 귀히 여기라

퇴근하고 피곤한 저를 대신해 남편은 항상 딸 예린이와 놀아주었습니다. 남편은 제가 둘째를 임신했을 때도 참 많이 도와주었습니다. 그러던 어느 날 저녁, 남편은 대학원 탁구부 모임을 가려고 준비하고 있었습니다. 남편은 탁구를 워낙 좋아해서 신학대학원 탁구부 동아리에 가입해 일주일에 한 번씩 쳤습니다. 건전하게 스트레스를 풀 수도 있고, 그가 좋아하는 거라 저도 적극적으로 하라고 했습니다.

그런데 그날은 임신 중이기도 하고 몸도 피곤해서 가지 않았으면 좋겠다고 말했습니다. 그러나 남편은 동기들과 시합이 잡혀 있다며 제 부탁을 거절하고 나가버렸습니다.

"미안해요. 금방 갔다올게요. 이미 약속이 되어 있어서 취소하기가 어려워요."

평소 남편의 모습과 달라서 저는 무척 당황했습니다.

'임신 5개월인 임산부의 부탁을 거절하고 나가다니….'

저는 마치 버림받은 느낌이 들었습니다. 8개월 된 예린이와 함께 있는데 갑자기 눈물이 북받쳐 올라왔습니다.

'남편의 애정이 식었어. 나보다 탁구를 더 좋아하나 봐.'

이런 부정적인 생각들이 저를 사로잡기 시작하면서 섭섭한 마음을 주체할 수가 없었습니다. 그래도 '평소보다 좀 일찍 오겠지' 하고 기다렸지만 평소보다 더 늦게 돌아왔습니다. 남편은 매우 미안해하며 제 안색을 살피며 들어왔습니다. 저는 슬픈 마음을 주체할 수가 없어 무작정 밖으로 나와버렸습니다. 딱히 갈 곳도 없어 차 안에서 한 시간가량 울었습니다. 울면서 하늘 아빠에게 하소연을 했습니다.

"아빠, 어쩜 필겸씨가 저한테 이럴 수가 있어요? 엉엉."

'사랑은 언제나 오래 참고 언제나 온유한 거란다. 그를 미워하지 말거라. 남편을 주께 하듯하라고 하지 않았니.'

하늘 아빠의 위로에도 제 마음은 쉽게 진정되지 않았습니다. 그날은 친정엄마가 얼마나 보고 싶은지 한번 터진 눈물이 멈추지 않았습니다. 남편에게서 계속 전화가 왔지만 일부러 받지 않았습니다. 그가 정말 원망스럽고 야속했습니다. 한 시간이 지나서야 겨우 마음이 진정되어 흐르는 눈물을 닦고 집으로 들어왔습니다. 들어오자마자 안방으로 들어가 침대에 누웠습니다.

남편은 어쩔 줄 몰라 하며 "미안해요"라며 계속 사과했습니다. 그에게 서운한 마음이 드니 이상하게 엄마 생각이 더 났습니다. 저는 엄마를 불러가며 또 울었습니다. 다음 날 그가 진심으로 용서를 구하면서 제 마음이 풀렸습니다. 저는 주님 앞에서 이 일에 대해 기도했습니다. 그리고 곰곰이 생각했습니다.

'정말 남편이 잘못한 것인가?'

그런데 기도하면서 내린 결론은 남편의 잘못만은 아니라는 것입니다. 제 안에 아직 치유받지 못한 상한 마음에서 나온 반응이라는 것을 깨닫게 되었습니다. 사랑받고자 하는 마음, 사랑받지 못했을 때 나오는 서운함은 하나님께서 기뻐하는 마음이 아니었습니다. 내 자아가 살아 있기 때문에 내가 사랑받고 싶은 것이었습니다. 이번 일을 통해 모든 문제를 저한테서 찾기로 했습니다. 남편의 잘못이 아닌 제게 문제가 있었던 것입니다. 또한 서운하고 섭섭한 마음을 심어준 사탄에게 제가 어리석게 반응한 것입니다.

그러고 나서 며칠 후 둘째 아이의 초음파 사진을 찍으러 산부인과에 갔습니다. 그런데 의사 선생님은 깜짝 놀라며 아기가 아래로 많이 내려왔다고 했습니다. 아직 만삭 때도 아닌데 벌써 내려오면 조산할 수도 있다면서 주의를 주었습니다. 그러면서 지난 2주 사이에 무슨 일이 있었냐면서 계속 안정을 취하라고 했습니다.

저는 듬직이(둘째의 태명)에게 무척 미안한 마음이 들었습니다.

"듬직아, 엄마가 미안해. 많이 놀랐지? 우리 아가, 사랑해."

저는 배에 손을 얹고 기도해주었습니다. 태아는 엄마의 감정을 그대로 느끼는데 제 어리석은 행동으로 태아까지 힘들게 했다는 생각을 하니 미안했습니다. 나약하고 연약한 제가 지금까지 행복한 가정을 이루게 된 것은 모두 하나님의 은혜임을 고백할 수밖에 없는 귀한 경험이었습니다.

천국 가정 이루기

여자들의 마음은 참 복잡합니다. 가끔은 제 마음도 모를 때가 있습니다. 그래서 항상 모든 문제의 해답을 성경에서 찾으려고 합니다. 세상에는 해답이 없습니다. 모든 갈등과 문제도 주님 앞으로 가져가면 주님께서 해답을 주십니다. 남편과 함께 창세기를 묵상하며 남편과 아내에 대해 이야기를 나눈 적이 있었습니다.

> 또 여자에게 이르시되 내가 네게 잉태하는 고통을 크게 더하리니 네가 수고하고 자식을 낳을 것이며 너는 남편을 사모하고 남편은 너를 다스릴 것이니라 하시고 창 3:16, 개역한글

> 그리고 여자에게는 이렇게 말씀하셨다. "너는 아기를 낳을 때 몹시 고생하리라. 고생하지 않고는 아기를 낳지 못하리라. 남편을 마음대로 주무르고 싶겠지만, 도리어 남편의 손아귀에 들리라" 창 3:16, 공동번역

처음 이 말씀을 보고는 하나님은 불공평하시다고 생각했습니다. '왜 똑같은 사람인데 아내는 남편의 지배를 받아야 한단 말인가?'
그러나 이 말씀이 구약 시대에 나온 말씀이라고 우리가 피해갈 수 있는 건 아니라는 것을 깨닫게 되었습니다. 또한 깊은 묵상을 통해 놀라운 점을 발견했습니다. 하나님께서는 이미 여자에게 남편을 깊이 사모하는 마음을 심어놓으셨던 것입니다. 그렇기 때문에 아내가 남편의 사랑을 받지 못한다고 느낄 때 마음이 상하고 상처를 받는 것입니다. 남자들은 이런 여자들의 마음을 헤아려주어야 합니다.

흔히 여자들은 사소한 것에 행복을 느낀다고 하는데 정말 그렇습니다. 신혼 초, 화이트데이에 저는 남편의 사탕을 기대하고 있었습니다. 그런데 남편은 사탕 대신 실속 있는 선물을 준비했습니다. 실망스러웠습니다. 연애할 때는 정성스럽게 사탕도 만들고 손편지를 써서 감동을 줬는데 결혼과 함께 변한 남편에게 무척 서운했습니다. 그 마음을 표현했더니 남편은 "사탕을 팔려고 하는 이벤트에 우리까지 동참해야 하느냐"라며 그러지 말자고 했습니다.

그러나 저는 사탕이 받고 싶어서가 아니라 남편의 정성과 관심을 받고 싶었습니다. 제 마음을 알게 된 남편은 이때부터 각종 생일과 이벤트를 정성껏 챙겨줍니다. 그래서 부부간에 서로의 마음을 솔직하게 표현하는 게 좋은 것 같습니다. 말도 하지 않고 삐쳐 있으면 둔감한 남자들은 아내가 왜 그런지 잘 모릅니다.

남편들아 이와 같이 지식(knowledge)을 따라 너희 아내와 동거하고 그를 더 연약한 그릇이요 또 생명의 은혜를 함께 이어받을 자로 알아 귀히 여기라 벧전 3:7

'지식을 따라 너희 아내와 동거하라'는 말씀에서 '지식'은 아내가 무엇을 원하는지, 무엇을 좋아하는지에 대한 것을 의미한다고 생각합니다. 혹은 아내에 대한 모든 것, 어린 시절부터 지금에 이르기까지의 그녀에 대한 모든 지식을 말한다고 생각합니다. 이런 지식은 아내에게 물어보거나 하나님께 알려달라고 기도한다면 반드시 지혜를 주실 것입니다.

창세기의 공동번역인 "남편을 마음대로 주무르고 싶겠지만, 도리어 남편의 손아귀에 들리라"(창 3:16)는 말씀 또한 21세기를 살아가는 이 시대에 우리에게 주시는 생명의 말씀입니다. 저도 대학에서 여성상위 시대와 페미니즘에 대해 공부하면서 그 사상에 알게 모르게 물들어 있었습니다. 하지만 성경은 그와 반대로 말씀하고 있습니다.

> 그러나 나는 너희가 알기를 원하노니 각 남자의 머리는 그리스도요 여자의 머리는 남자요 그리스도의 머리는 하나님이시라 고전 11:3

> 남자는 하나님의 형상과 영광이니 그 머리를 마땅히 가리지 않거니와 여자는 남자의 영광이니라 고전 11:7

하나님의 창조 질서대로 아내는 남편을 사랑하고 머리로 여기고 그의 뜻에 따라야 합니다. 그럴 때 천국 같은 가정을 이룰 수 있습니다. 저도 가끔은 실수할 때도 있지만 가급적 남편의 뜻을 묻고 따르려고 노력합니다. 그것은 하나님 아버지의 기뻐하시는 뜻이기 때문입니다. 그분의 말씀에 순종할 때만 우리는 행복한 가정을 만들어갈 수 있습니다.

아내를 행복하게 하는 방법

저를 행복하게 해주었던 남편의 사랑이 이 시대를 살아가는 많은 아내들에게 도움이 될 것 같아 남편들에게 몇 가지 제안을 드리고 싶습니다.

첫째, 아내가 임신을 하면 임신축하파티를 해주세요. 첫 아이를 생각보다 빨리 갖게 되면서 당황스럽기도 했지만 한편으로는 정말 기뻤습니다. 아이를 만날 생각에 하루하루가 기쁘고 감사했습니다. 하루는 퇴근하고 집에 들어왔는데 당연히 집에 있을 줄 알았던 남편이 없었습니다. 잠시 외출했나보다 생각하고 거실로 향하는데 조그만 불빛이 보이더니 남편이 케이크를 들고 제 쪽으로 걸어왔습니다.

"임신 축하합니다~. 사랑하는 효진씨의 임신 축하합니다~."

'하나님께서는 어쩌면 이렇게 멋진 남편을 보내주셨을까'라는 생각에 어느새 눈물이 고였습니다. 그동안 배우자를 기다리며 기도했던 시간들이 스쳐 지나갔습니다. 하나님께서 멋진 배우자를 주시기 위해 그렇게 기다리게 하셨다는 생각에 감격스러웠습니다.

둘째, 임신한 아내를 특별한 사랑으로 섬겨주세요. 저는 입덧이 유난히 심했습니다. 냄새 때문에 음식을 제대로 먹질 못했습니다. 돌이켜보면 그것도 참 고맙다는 생각이 들었습니다. 그 기간 동안 남편에게 특별한 사랑을 받았기 때문입니다. 특히 운전을 할 때 멀미와 구토로 고생하는 저를 남편은 아침저녁으로 출퇴근을 시켜주었습니다.

또한 임신 내내 하루라도 과일을 안 먹고는 지낼 수 없었는데 남편은 과일을 매일 사다 나르고 직접 깎아서 제 입에 넣어주었습니다. 그 시간이 제일 행복했습니다. 그래서 가끔은 과일이 먹고 싶지 않아도 깎아달라고 한 적도 있었습니다.

재활용 쓰레기 분리수거와 음식물 쓰레기 버리는 것도 늘 남편 몫이었습니다. 한번도 부탁한 적은 없지만 알아서 늘 깨끗하게 정리해주었습니다. 또 집안에 필요한 물품이 떨어지기 전에 늘 넉넉하게 채워놓았습니다. 이런 남편의 특별한 사랑이 아내로 하여금 남편을 주께 하듯 섬기는 마음을 더욱 갖게 할 것입니다.

셋째, 아내가 아플 때는 내 몸이 아픈 것처럼 돌봐주세요. 감기몸살이 심하게 걸리면 제가 얼마나 큰 사랑을 받으며 살고 있는지 깨닫게 됩니다. 아플 때 남편은 비타민과 홍삼, 감기약을 가지고 와서 먹여줍니다. 감기가 걸리면 처방해주는 '남편 처방전'입니다.

한번은 귤 열 개를 가지고 와서 계속해서 입에 넣어주었습니다. 배불러서 못 먹겠다고 해도 빨리 먹고 나으라고 다 먹을 때까지 먹여주었습니다. 가벼운 몸살은 이렇게만 해도 하루 만에 낫지만 심한 경우는 일주일도 가고 기침은 한 달을 넘기는 경우가 종종 있습니다. 최근에 미세 먼지가 많아지자 남편이 제 가방에 황사 마스크를 넣어놓고 출근했습니다. 그러고는 문자로 '미세 먼지는 기침 감기에 안 좋으니 꼭 마스크하고 출근해요'라고 남겨놓은 것입니다. 남편들의 작은 관심에도 아내는 큰 감동을 받습니다.

넷째, 아내에 관한 사소한 것들을 신경써서 챙겨주세요. 우리 부부는 함께 탁구를 취미생활로 하기로 했는데 어느 날 남편에게서 전화가 왔습니다.

"효진씨, 신발 사이즈가 어떻게 돼요? 신발 사진을 찍어서 보낼 테니 맘에 드는지 봐요."

탁구는 운동 특성상 특수화를 신어야 한다며 남편은 제 탁구화를 사러갔습니다. 운동복으로 갈아입으려면 가방도 필요하다면서 스타일을 중요하게 생각하는 저를 배려하여 예쁜 가방도 샀습니다. 남편이 선물해준 운동화를 신고 함께 탁구를 치다보면 어느새 행복한 웃음이 탁구공에 실려 서로에게 전달됩니다.

다섯째, 아내의 생일이나 결혼기념일을 잊지 말고 챙겨주세요. 생일이나 1,000일 기념일 등 특별한 날에 남편은 꼭 회사로 케이크와 꽃바구니를 보내줍니다. 작은 관심과 사랑은 마치 화초에 물을 주는 것과 같습니다. 예쁜 화분을 가져다놓고 물을 주지 않으면 금방 시들어서 죽고 맙니다.

　　결혼 4주년이 되던 날, 회사에 예쁜 화분이 배달되었습니다. 화분에는 '영원히 당신만을 사랑해요, 효진천사님'이라는 문구가 적혀 있었습니다. 그날 뜻밖의 선물을 받고는 하루 종일 행복했고, 남편에게 정말 많이 고마웠습니다. 시간이 지나면서 남편을 향한 사랑이 점점 더 커지는 것은 하나님의 사랑 안에서 서로 사랑하기 때문입니다.

4

서로 아끼고
하나되는 축복

마음의 소원

저는 주님께서 주신 가정에 대한 소원을 마음에 품고 기도합니다. '하나님나라의 아름다운 가정, 내가 주인되는 가정이 아닌 오직 주님이 주인되는 가정', 그런 가정만이 신앙의 명문 가정을 이룰 수 있을 거라는 생각이 들었습니다. 드라마나 영화에서 그려지는 가정은 우울한 가정이 많습니다. 불륜, 간통, 부부간이나 부모와 자녀 간의 갈등, 불행한 가정들의 모습을 보면서 우리 가정은 이 세상 가운데 아름다운 가정의 모델이 되어야겠다고 생각했습니다.

최초의 가정이었던 아담과 하와의 가정은 매우 불행했습니다. 형이 아우를 죽이는 끔찍한 사건이 있었고, 그 불행은 지금도 이어지고 있습니다. 이혼율 1위인 대한민국의 현실을 바라보며 가정에 대한 사명감이 듭니다. 불행한 가정은 개인은 물론 학교와 사회로까지 영향을 미칩니다. 그런 현실을 주님의 눈으로 바라볼 때 그분의 아파하시는 마음이 느껴지는 것 같습니다.

누구나 결혼과 동시에 행복한 결혼생활을 꿈꿉니다. 많은 책에 방법이 나와 있지만 그것들은 궁극적인 해결책이 되지 않는다고 생각합니다. 오직 우리 가정의 주인으로 주님을 인정하고 모셔들일 때만 행복한 결혼생활이 가능합니다. 예수님께서 하나님과 우리 사이의 막힌 담을 허셨기에 가정 안에서도 하나님과 함께할 수 있습니다. 아담과 하와가 에덴에서 쫓겨나 만든 가정에는 하나님께서 가까이 가고 싶어도 그들의 죄가 해결되지 않았기 때문에 가까이 하실 수 없었습니다.

그러나 우리는 예수님의 보혈로 인해 죄 사함을 받았기 때문에 주님을 우리 가정의 주인으로 모셔들일 수 있습니다.

"너희는 먼저 그의 나라와 그의 의를 구하라 그리하면 이 모든 것을 너희에게 더하시리라"(마 6:33)라고 하신 말씀처럼 우리가 먼저 구해야 할 것은 행복한 가정 이전에 '하나님께서 통치하시는 가정'입니다. 하나님이 주인이시고, 그분의 계명을 지키는 가정이 될 때에 행복하고 아름다운 가정을 이룰 수 있습니다.

부모를 공경하라

네 부모를 공경하라 그리하면 네 하나님 여호와가 네게 준 땅에서 네 생명이 길리라 출 20:12

부모 공경은 아름다운 가정의 출발입니다. 십계명으로 말씀하신 것도 이 땅에서 정말 중요하기 때문입니다. 이 말씀은 자녀가 말을 듣지 않을 때 '엄마 말을 잘 들으면 선물을 줄게'라고 말하는 것과 같습니다. 저도 가끔 예린이가 가정예배를 드리기 싫다고 하면 이 방법을 사용합니다.

"예린아, 가정예배를 드리자."

"싫어."

"가정예배를 드리면 엄마가 스티커를 줄게."

우리가 부모를 잘 공경하지 않으니 하나님께서는 '너희가 부모를 공경하면 생명을 연장시켜주겠다'라고 약속하신 것 같습니다. 이것에 대해 저도 내세울 것이 없는 부끄러운 사람입니다. 그러나 부모 공경은 우리가 해도 되고 안 해도 되는 것이 아닌 하나님의 명령이기에 반드시 지켜야 합니다.

저는 어버이날이면 돌아가신 엄마 생각에 무척 마음이 아픕니다. 사랑하는 사람을 잃어보지 않은 사람은 보고 싶은데 보지 못하는 그리운 마음을 알 수 없을 것입니다. 저는 아직도 엄마를 생각하면 눈물이 납니다. 살아 계시면 뭐든지 해드릴 수 있는데, 지금 제 곁에는 엄마가 계시지 않습니다. 더 잘해드리지 못하고, 더 기쁘게 해드리지 못한 모든 것이 후회가 됩니다.

그런 제게 하나님께서는 엄마의 빈자리를 대신할 수 있는 시어머님을 보내주셨습니다. 시어머님은 엄마의 사랑으로 저를 대해주십니다. 어머님의 사랑에 늘 감사한 마음을 갖고 있던 우리 부부는 어머님을 기쁘게 해드리기로 결심하고 우리가 할 수 있는 것을 하나씩 실천하기로 했습니다.

그런데 시누이가 시부모님의 모든 필요를 다 챙기고 있기 때문에 저희 부부가 챙겨드릴 게 거의 없었습니다. 형님(시누이)은 매년 건강 검진을 해드릴 뿐만 아니라 여행도 보내드리고, 계절마다 필요하신 옷도 사드립니다. 그런 모습을 보면서 '부모 공경은 저렇게 하는 것이구나'를 많이 배우고 있습니다.

때마침 어머님의 구형 핸드폰의 계약이 만기가 되어 형님이 하시기 전에 제가 재빨리 스마트폰으로 바꿔드렸습니다. 그리고 요금도 저희 통장에서 결제가 되도록 했습니다. 어머님도 무척 좋아하셨고, 지금은 어머님과 스마트폰으로만 할 수 있는 카톡으로 문자를 주고받게 되었습니다.

그런데 어머님이 다섯 명의 손주들을 돌보시면서 평소 좋지 않은

다리 관절이 병원 치료를 받아야 할 정도로 더 안 좋아지셨습니다. 그런 어머님을 뵙는 게 무척 죄송하고 마음이 아팠습니다. 형님이 근무하시는 병원으로 모시려고 했지만 거리가 멀어 집 근처의 병원에 다니시기로 했습니다.

어머님의 마음을 조금이라도 위로해드리고 싶어 남편과 상의하여 신용카드를 드렸습니다. 다 나으실 때까지 치료비도 꽤 많이 들 것 같아 편안하게 치료를 받으시라고 드렸습니다. 제가 드리면 안 받으실 것 같아 남편이 드렸는데, 어머님은 극구 받지 않겠다고 하셨습니다. 그래서 제가 다시 한 번 말씀드렸습니다.

"어머니, 병원에 다니실 때 이 카드로 쓰세요."

"괜찮아, 엄마도 돈 있어."

"하나님의 말씀에 순종하려고 하는 것이니 받아주세요."

"복 받으려고 그러는구먼."

"맞아요, 어머니. 그러니 받으세요."

"우리 아들과 며느리가 복 받는다고 하면 내가 받아야겠네."

"하하, 어머니 받아주셔서 감사합니다."

하나님 안에서 이런 복되고 아름다운 대화를 나눌 수 있다는 게 늘 감사해서 하루에도 수도 없이 하나님께 감사와 찬양을 올려드리고 있습니다.

친정 부모님은 사이가 워낙 좋으셨습니다. 엄마가 일찍 돌아가시면서 저는 아빠까지 잘못되실까 봐 무척 걱정이 되었습니다. 사이 좋은 부부 중 한 분이 먼저 별세하면 남은 한 분이 그 슬픔을 견디지 못해 바로 돌아가실 수도 있다는 이야기를 들었기 때문입니다. 그래서 아침저녁으로 문안 전화를 드렸습니다. 저녁에 전화를 드리면 어떤 때는 아빠의 목소리가 슬픔에 잠겨 있곤 했습니다.

"아빠, 어디세요?"

"엄마 옆에 있다."

"자꾸 무덤에 가지 마세요. 엄마는 거기 계시지 않아요. 천국에 계세요."

"끊어라."

아빠는 엄마의 무덤에 자주 가셔서 우셨습니다. 저는 그런 아빠 때문에 무척 마음이 아팠습니다. 그래서 엄마가 돌아가신 지 몇 개월 지나지 않아서 아빠에게 재혼을 하시라고 말씀드렸습니다. 혼자 슬픔에 빠져 계시다가 잘못되는 것보다는 재혼하여 그 슬픔을 이겨내시는 게 더 낫다는 생각이 들었습니다.

그러나 아빠는 '네 엄마 같은 사람은 이 세상에 없다'라며 늘 사양하셨습니다. 홀로 남겨진 아빠가 필요하다고 하시면 무엇이든지 사다드렸습니다. 미국에서 공부하던 오빠가 돌아와 강릉에서 교회를 개척하면서 우리 가족들은 강릉에서 자주 만났습니다. 아빠가 제 차를 보더니 "벌써 5만 킬로미터나 탔네. 이 차를 아빠한테 줘라"라고 하셨습니다.

원래 자식들에게 뭘 달라고 요구하시는 분이 아니어서 저는 약간 당황했습니다. 그런데 강릉에서 돌아온 이후 아빠의 그 말이 머리에서 떠나지 않았습니다. 그리고 차를 어떻게 해야 할지 남편과 상의했습니다. 남편이 말했습니다.

"아버님이 타고 싶어 하시니 우리가 드리는 게 좋을 것 같아요"

"그렇긴 한데, 한번 기도해볼게요"

하나님의 응답을 받는 데는 그리 오래 걸리지 않았습니다. 하나님께서는 기뻐하시는 기도는 '즉각' 응답하시는 경향이 있으시기 때문입니다.

'하나님, 어떻게 할까요?'

'부모를 공경하고 아비를 기쁘게 하거라.'

자녀들아 주 안에서 너희 부모에게 순종하라 이것이 옳으니라 네 아버지와 어머니를 공경하라 이것은 약속이 있는 첫 계명이니 이로써 네가 잘되고 땅에서 장수하리라 엡 6:1-3

그러고는 아빠가 고생하셨던 모습을 생각나게 하셨습니다. 4남매를 공부시키시느라 아빠의 평생 용돈은 10만 원이었습니다. 당시

집집마다 자가용이 있었을 때였지만 아빠는 늘 자전거를 타고 다니셨습니다. 비가 오나 눈이 오나 아빠의 유일한 이동 수단은 자전거였습니다. 저는 그게 그렇게 아빠의 큰 희생인 줄 그때는 몰랐습니다.

또 우리를 위해 돈을 아끼고 또 아끼셨습니다. 갑자기 아빠의 자전거 뒷자리에 있던 도시락이 생각나면서 눈물이 비오듯이 쏟아졌습니다. 너무나 당연하게 생각했던 아빠의 사랑과 희생에 비하면 제 차는 아무것도 아니라는 생각이 들었습니다.

일흔을 넘기신 아빠가 나중에는 운전하고 싶어도 못하시겠다는 생각이 들어 차를 드리기로 결정했습니다. 이렇게 부모를 공경할 수 있는 마음과 재물을 허락해주신 하나님께 정말 감사했습니다.

돈을 사랑하지 마세요

제게 허락된 재정으로 부모님을 공경하고 영혼을 살릴 수 있어 얼마나 감사한지 모릅니다. 재물은 선하게 흘러가면 더 큰 사랑을 낳지만, 욕심으로 쌓아두면 큰 올무가 되는 것 같습니다. 그래서 저는 재정에 관해 기도하며 하나님께서 허락하신 만큼 잘 흘려보내려고 노력합니다.

남편의 첫 사역지에서의 월급은 50만 원이었습니다. 저는 그 돈을 가져다준 남편이 정말 고마웠습니다. 하나님께 거저 받은 은혜로 성도들을 섬길 수 있는 것만으로도 감사한데, 사례비까지 주신 하나님께 더욱 감사했습니다.

> 내가 궁핍하므로 말하는 것이 아니니라 어떠한 형편에든지 나는 자족하기를 배웠노니 빌 4:11

그 사례비로 남편의 등록금을 마련했습니다. 그런데 남편이 졸업하고 나서 받은 사례비를 어떻게 쓸지에 대해 기도해야 한다고 생각했습니다. 우리 가정은 제 회사를 통해서 재정의 공급을 받고 있는데, 남편이 교회에서 받는 사례비까지 생활비로 쓰고 싶지는 않았습니다. 기도하며 남편과 상의한 결과 선교비로 쓰기로 했습니다. 성도들의 귀한 헌금으로 받은 사례비를 영혼을 살리는 곳에 흘려보내기로 한 것입니다.

어느 곳이 좋을까 기도하던 중에 긴급 구호활동과 개발 사역을 하는 '기아 대책'이 떠올랐고, 그곳에 아는 간사님께 연락을 드렸습니다.

"간사님, 진정으로 복음이 전파되는 선교지가 있으면 소개를 좀 해주세요."

"제가 얼마 전에 필리핀에 다녀왔는데 그곳이 좋을 것 같네요."

그렇게 우리 부부는 70명의 어린이와 결연하여 물질로 섬기기 시작했습니다. 그곳에 나가서 선교할 수는 없지만 물질이 대신 그곳으로 흘러가 아이들을 먹이고 교육시키며 그들에게 복음을 전하고 있습니다. 남편과 저는 앞으로 만 명의 아이들을 후원할 수 있게 해달라고 기도하고 있습니다.

누구든지 자기의 유익을 구하지 말고 남의 유익을 구하라 고전 10:24

물질은 귀하게 쓰이면 영혼도 살려낼 수 있습니다. 그런데 하나님 없이는 살아도 돈 없이는 못 산다고 생각하는 사람들이 의외로 많습니다. 크리스천들에게 '하나님과 돈 중에 하나만 선택하세요'라고 한다면 분명히 '하나님을 선택한다'라고 말할 것입니다. 그러나 우리의 열매를 보면 정말로 우리가 사랑하는 게 무엇인지 알 수 있을 것입니다.

예를 들어 배우자가 돈을 많이 못 벌어 온다고 구박한다면 그것은 돈을 하나님보다 더 사랑하는 것입니다. 배우자 선택의 1순위가 재력이라면 돈을 배우자나 하나님보다 더 사랑하는 것입니다. 그런 사람은 돈이 사라지면 배우자와 하나님에 대한 사랑도 사라지게 될 것입니다. 우리는 하나님도 사랑하고 돈도 사랑할 수는 없습니다.

너희는 하나님과 재물을 겸하여 섬길 수 없느니라 눅 16:13

또 십일조 드리는 것을 아까워한다면 하나님보다 돈을 더 사랑하는 것입니다. 하나님을 정말로 사랑한다면 그분의 계명을 기쁨으로 지킬 것입니다. 더 드리고 싶어도 드릴 게 없어서 눈물을 흘리게 될 것입니다.

가정의 재정 관리

요즘은 맞벌이 부부가 많습니다. 저희 부부도 맞벌이를 하고 있습니다. 학부에서 경제학을 전공한 남편이 저보다 더 알뜰하게 경영할 것 같아 그에게 가정 경제를 맡겨볼까 생각했습니다. 그러나 앞으로 더 큰 일을 해야 하는데 사소한 일에 매이게 하는 것 같아서 고민 끝에 제가 맡아서 하기로 했습니다. 저는 남편과 제 수입을 합쳐서 관리하고 있습니다.

그런데 주변에서 보면 각자 재정 관리를 하는 부부들이 더러 있습니다. 하나님께서는 부부가 한 몸이 되라고 하셨고, 이는 재정에서도 동일하게 적용된다고 생각합니다. 이미 하나님 안에서 하나인데 아내의 돈과 남편의 돈이 나뉘는 건 하나님의 재정 원칙에 맞지 않습니다. 재정을 따로 관리하다보면 그 틈으로 서운함과 불신이 싹

틀 수 있습니다. 서로 돈을 어떻게 쓰는지 모르기 때문에 의심도 생기게 되고, 한마음이 되기가 어렵습니다.

하나님께서 공급해주시는 모든 물질은 하나님의 것입니다. 그것을 더 잘 관리하는 사람이 맡아서 청지기처럼 잘 관리해야 합니다. 내가 더 많이 번다고 상대방을 무시해서도 안 됩니다. 돈을 많이 벌고 적게 버는 것으로 배우자를 비난해서도 안 됩니다. 그것은 배우자에게 재정을 공급하시는 하나님을 향해 원망하는 것과 같습니다.

우리 가정에서는 하나님께서 저를 통해 재정을 공급해주고 계십니다. 그러나 단 한 번도 남편이 적게 벌어온다고 생각해본 적이 없습니다. 오히려 남편이 하나님의 사역에 온전히 전념할 수 있도록 저를 남편의 돕는 배필로 보내주셔서 감사해하고 있습니다. 물론 남편이 백수로 지내면서 아내만 바라보고 일을 하지 않는다면 그것은 잘못된 것입니다. 그러나 현재의 위치에서 남편이 최선을 다하고 있다면 고된 직장생활에 지친 남편을 위로하고 격려해주어야 한다고 생각합니다.

그리고 반드시 부부의 재정을 합쳐 십일조를 드리시길 권면합니다. 아내나 남편이 불신자라서 십일조를 반대한다면 잘 상의하여 드릴 수 있는 최대한의 십일조를 드리시길 바랍니다. 그것마저 반대한다면 내 용돈에서 십일조를 드려도 좋을 것 같습니다. 하나님께서 그 마음을 받으시리라 믿습니다.

용돈의 전부를 드리고 쓸 돈이 없다면 후히 주시는 하나님께서 그 돈을 채워주실 것입니다. 제가 경험한 하나님은 공급하시고 채우시는 분이십니다. 당장 입을 옷과 먹을 것이 없을지라도 하나님만 의지한다면 놀라운 방법으로 공급해주십니다.

십일조는 하나님의 주권을 인정하는 것입니다. 첫 책인《네 약함을 자랑하라》에도 나와 있지만 십일조를 통해 저는 살아 계시는 하나님을 경험했습니다. 지금의 풍성한 은혜를 누리기까지 채우시는 하나님을 수도 없이 경험했습니다. 그 출발은 바로 십일조였습니다. 그것에서부터 재정 관리는 시작해야 합니다. 십일조를 통해서 하나님께서는 우리 가정에서 새어나가는 재정을 막아주십니다.

어떤 목사님이 설교 중에 '우리 교회는 100퍼센트 십일조를 하고 있다'라고 말씀하신 게 인상 깊었습니다. 십일조를 하지 않으면 사탄이 알아서 다 가져가니까 결국은 전 성도가 십일조를 한다는 것입니다. 십일조를 하지 않으면 메뚜기가 와서 결국은 가져갈 텐데, 우리에게 메뚜기는 병원비나 사고 등으로 인한 뜻밖의 지출일 수도 있고, 다른 것일 수도 있다는 것입니다.

만군의 여호와가 이르노라 너희의 온전한 십일조를 창고에 들여 나의 집에 양식이 있게 하고 그것으로 나를 시험하여 내가 하늘 문을 열고 너희에게 복을 쌓을 곳이 없도록 붓지 아니하나 보라 만군의 여호와가 이르노라 내가 너희를 위하여 메뚜기를 금하여 너희 토지 소산을 먹어 없애지 못하게 하며 너희 밭의 포도나무 열매가 기한 전에 떨어지지 않게 하리니 말 3:10,11

우리의 삶 가운데 궁핍함이나 가난이 끊이지 않는다면 예수님의 이름으로 가난을 끊고 재정의 뿌리를 하나님께 두어야 합니다. 재정의 뿌리가 하나님이 아닌 돈이라면 끊임없이 문제가 발생하고 근심 걱정이 떠날 날이 없을 것입니다. 물론 하나님을 위해 스스로 가난을 선택하신 분들은 예외일 것입니다.

돈을 사랑하지 말고 있는 바를 족한 줄로 알라 그가 친히 말씀하시기를 내가 결코 너희를 버리지 아니하고 너희를 떠나지 아니하리라 하셨느니라 히 13:5

저는 새해가 되면 가정의 재정 관리 계획을 세우고 남편과 함께 상의합니다. 마치 내가 벌어서 내 마음대로 쓴다는 느낌을 줄 수 있기 때문에 충분히 공감할 수 있도록 그에게 설명하고 동의를 구합니다. 재정에 관한 것 대부분은 제가 맡고 있지만 그와 사소한 것 하나도 상의하여 결정합니다. 남편도 어떤 결정을 하기에 앞서 제게 상의하고 있기에 우리는 어떤 비밀도 없습니다. 정말로 하나된다는 것은 몸과 마음과 재정까지도 포함되는 것이라고 생각합니다.

100점 만점에 1,000점 이상

얼마 전 남편과 식사를 하면서 물었습니다.

"필겸씨, 저는 100점 만점에 몇 점짜리 아내예요?"

"효진씨는 100점 만점에서 1,000점이에요."

"와~ 그렇게나 높아요?"

"사실 점수를 매길 수 없어요. 1,000점 이상이에요."

남편에게 사랑받고 인정받는다는 것은 아내를 참 기쁘게 하는 일인 것 같습니다. 저는 늘 남편이 세상에서 가장 멋진 최고의 남편이라고 생각합니다. 비교 대상이 아예 없습니다. 예전에는 그렇게도 멋있게 보였던 드라마의 남자 주인공도 남편에 비하면 그저 그런 남자에 불과합니다. 어떤 영화나 드라마의 러브스토리도 시시하게 느껴집니다. 이미 하나님께서 저를 영화 같은 삶으로 이끌어가고 계시기 때문입니다.

우리가 이렇게 서로를 아끼고 사랑할 수 있는 비결은 바로 우리 안에 예수 그리스도의 사랑이 충만하기 때문입니다. 각자 하나님과의 관계 안에서 충분한 사랑을 받고 있기 때문에 그 사랑으로 서로를 사랑하고 있습니다.

서로의 사랑이 식었다고 느껴진다면 내 마음부터 점검하는 것이 좋습니다. 생명의 근원이 마음에 있는데, 그 마음이 병들었거나 다른 것으로 채워져 있다면 사랑이 식을 수 있기 때문입니다. 성령충만함만이 우리 안에 사랑이 넘쳐나게 할 것입니다.

내 배우자를 100점 만점에 1,000점 배우자로 만들고 싶다면 내가 먼저 1,000점 배우자가 되면 됩니다. 내가 그렇게 되는 방법은 오직 그리스도의 사랑으로 충만하게 채우는 방법밖에는 없습니다.

사랑의 유효 기간

통계적으로 남녀 간의 사랑은 30개월이면 식는다고 합니다. 미국 코넬대학교 인간행동연구소의 연구 결과가 이같은 사실을 뒷받침합니다. 남녀 간의 애정이 얼마나 지속되는가를 알아보기 위해 2년에 걸쳐 다양한 문화 집단에 속한 남녀 5,000명을 대상으로 인터뷰를 실시한 결과 남녀 간의 가슴 뛰는 사랑은 18~30개월이면 사라진다고 합니다.

이 연구 결과가 정말 맞다면 매우 슬픈 일입니다. 30개월이면 사라질 사랑으로 하는 결혼이라면 비극 그 자체입니다. 더 이상 사랑하지 않기 때문에 결혼한 상태에서 다른 사랑을 찾아다니고 그로 인해 가정은 무너질 것입니다. 혹은 상대방이 나를 더 이상 사랑하지 않는다고 느낄 때 갈등이 생길 수 있습니다. 어쩌면 내가 결혼을 잘 못했다고 느낄 수도 있습니다.

저도 이 문제에 대해 심각하게 고민했던 시간이 있었습니다. '부부간의 사랑이 30개월 만에 식는다면 어떻게 아름다운 가정의 모델이 될 수 있을까' 하는 의문이 들었습니다. '과연 주님 안에서 사랑하는 부부에게도 이 세상의 통계가 동일하게 적용될까' 하는 문제로 하나님께 기도를 드렸습니다. 하나님께서 남자와 여자를 만드셨으니 이 부분에 대해서도 책임져달라고 했습니다.

'하나님, 시간이 지날수록 서로를 더 사랑하게 해주세요. 우리의 눈에 사랑의 콩깍지가 영원히 벗겨지지 않게 해주세요.'

모든 문제의 답은 우리를 창조하신 하나님께 있었습니다. 하나님께서는 그 기도에 응답해주셨습니다. 아이를 낳으면 희미해진다는 남편에 대한 사랑이 오히려 넘쳐나는 것을 느낍니다. 남편이 늦게 들어오거나 교회 수련회에 참석하여 집에 못 들어올 때면 금세 그가 보고 싶어집니다. 이렇게 말하면 사람들은 "더 살아보세요"라고 말합니다. 그리고 은근히 부부간에 갈등은 없는지 찾아보려고 하는 사람들도 있습니다.

가끔 저는 남편을 향한 사랑을 절제해야 할 때가 있습니다. 늘 남편과 함께 있고 싶은데 단지 자제하고 있을 뿐입니다. 이것이 하나님께서 우리 부부에게 주신 사랑의 선물입니다. 그러나 이 사랑도 제 사랑만으로는 오래 지속되기가 어렵습니다. 고민거리가 있거나 성령충만하지 못할 때 제 안에도 냉기가 돌 때가 있습니다. 그러면 저는 그것을 경고 신호로 받아들이고 주님 앞에 나아가는 시간을 갖습니다. 제 안에 부어주시는 하나님의 사랑이 넘칠 때 그 사랑으로 남편과 아이들도 사랑할 수 있습니다.

가끔 남편이 이런 고백을 할 때가 있습니다.

"난 결혼을 참 잘한 것 같아요."

"왜요?"

"당신이 함께 있으니 무슨 일이든지 자신 있게 할 수 있거든요."

"그럼 처음 만났을 때보다 더 좋아요?"

"당연하죠. 이렇게 매일 볼 수 있어서 좋아요."

이것이 제게 돌아오는 남편의 사랑입니다. 이는 일방적인 사랑이 아닌 서로가 주고받는 사랑입니다. 인간적인 사랑으로는 불가능하다고 생각합니다. 우리 안에 있는 것은 더럽고 추하기 때문에 아름다운 열매를 맺을 수 없습니다. 오직 예수 그리스도 안에 있을 때만 가능합니다.

나는 포도나무요 너희는 가지라 그가 내 안에, 내가 그 안에 거하면 사람이 열매를 많이 맺나니 나를 떠나서는 너희가 아무것도 할 수 없음이라 요 15:5

배우자의 사랑이 식었다고 그를 향해 비난을 퍼붓는다고 문제가 해결되는 건 아닙니다. 오직 사랑의 근원되시는 하나님 앞으로 나아갈 때만 그분께서 부어주시는 사랑으로 우리는 이 땅에서 천국 같은 가정을 이룰 수 있습니다.

내 안에 남편이나 아내로서 사랑받고 싶은 마음과 채워지지 않는 목마름과 갈망이 있다면 그것은 반드시 하나님으로부터 채워야만 합니다. 그것을 사람에게 가져가면 아마도 실망과 절망밖에 따라오지 않을 것입니다. 아내나 남편이 성령충만할 때는 상관없지만 메말라 있을 때는 갈등의 원인이 될 수도 있습니다. 무심코 내뱉은 한마디의 말에 상처받고 서로 싸우고 물어 뜯게 될 수도 있습니다.

심은 대로 거두는 열매

'부부 싸움은 칼로 물 베기'라는 말이 있습니다. 마치 '부부 싸움을 해도 괜찮다'라는 말처럼 들리기도 합니다. 하지만 이것은 거짓입니다. 우리가 사는 세상에는 거짓이 참 많습니다. 그것을 받아들이기로 결정하면 나쁜 열매를 맺게 될 것입니다. 우리는 마음에 무엇을 심든지 그대로 열매 맺게 되어 있습니다.

저는 이런 거짓말을 거절하기로 결정했습니다. 성경은 그렇게 말씀하고 있지 않기 때문입니다.

네가 어찌하여 네 형제를 비판하느냐 어찌하여 네 형제를 업신여기느냐 우리가 다 하나님의 심판대 앞에 서리라 **롬** 14:10

비판하지 말라 그리하면 너희가 비판을 받지 않을 것이요 정죄하지 말라 그리하면 너희가 정죄를 받지 않을 것이요 용서하라 그리하면 너희가 용서를 받을 것이요 **눅** 6:37

싸우다보면 아내나 혹은 남편을 비판하고 정죄하게 됩니다. 싸움이 커지면 폭력으로까지 이어질 수 있습니다. 그래서 '싸우면서 정든다'는 것은 거짓말입니다. 속지 마시길 바랍니다. 그러나 육체를 입고 있는 한 우리는 넘어지기도 합니다. 그렇기 때문에 우리가 싸워야 할 대상은 배우자가 아닌 바로 자신입니다. 내 육신을 쳐서 주님께 복종하는 것이 우리가 싸워야 할 싸움입니다.

육신의 생각은 하나님과 원수될 뿐만 아니라 하나님을 기쁘게 할 수 없습니다. 육신대로 행하면 부부간의 갈등은 끊어지지 않을 것입니다. 또한 그리스도의 영이 우리 안에 거하실 수 없습니다. 그리스도인의 가정이 일반 가정과 다를 바 없다면 그 가정의 주인을 주님이라고 고백할 수 없습니다. 내 육신이 원하는 대로 행동하고 말한다면 그 가정의 주인은 내가 되는 것입니다.

주님은 '육신의 생각은 사망'이라고 말씀하고 계십니다. 결국 내가 주인이 되어 이끌어가는 가정은 사망의 열매를 맺을 것이고, 그리스도의 영에 인도함을 받는 가정은 생명과 평안의 열매를 맺을 것입니다. 육신의 옷을 입고 살아가기 때문에 때론 넘어질 수도 있습니다. 그렇더라도 주님을 의지한다면 그분은 반드시 우리를 일으켜주실 것입니다.

> 그는 넘어지나 아주 엎드러지지 아니함은 여호와께서 그의 손으로 붙드심이로다 시 37:24

그러나 혹시 넘어져서 부부 싸움을 하게 된다면, 남편과 아내 중 누가 먼저 화해의 손길을 내미느냐도 참 중요한 문제입니다. 때로는 이것이 자존심의 문제로까지 이어질 수도 있기 때문입니다. 상대방이 먼저 손을 내밀어주기를 기다리다보면 하루 이틀이 일주일까지 심하면 한 달이 될 수도 있습니다. 저는 어떤 부부가 부부 싸움을 하면 한 달 동안 대화를 하지 않는다는 이야기를 듣고 깜짝 놀랐습니다.

대부분의 부부 싸움이 아주 사소한 것에서 시작되는데 어떤 상황이든지 잘못한 사람이 먼저 용서를 구하는 게 옳다고 봅니다. 그러나 애매한 상황에서는 되도록 남편이 먼저 아내에게 화해의 손길을 내미는 게 좋습니다. 성경에 아내는 더 연약하다고 말씀하셨고, 귀히 여기라고 하셨기 때문입니다.

또한 남편이 아내의 머리라면 아내를 이끌어주는 것이 마땅하지 않을까 하는 게 제 개인적인 의견입니다. 용서는 더 강한 사람이 하는 것입니다. 부부 중에 더 강한 사람은 남편입니다. 아내는 뼈 중의 뼈요 살 중의 살입니다. 남편이 연약한 아내를 더 큰 사랑으로 용서하고 품어주어야 합니다.

어린 시절 저는 부모님이 싸우시는 모습을 한 번도 본 적이 없었습니다. 단 한 번도 아빠가 엄마에게 큰 소리를 치시거나 엄마가 아빠를 함부로 대하는 모습을 보지 못했습니다. 어느 날 엄마에게 물어본 적이 있었습니다.

"엄마, 아빠랑 한 번도 안 싸우셨어요?"

"하하, 어떻게 안 싸우니? 많이는 아니어도 너희들 안 보는 데서 싸웠단다."

"그럼 어떻게 화해하셨어요?"

"아빠가 엄마를 잘 달래줘서 싸움이 오래 안 갔어. 그래서 싸움이 하루 이상을 간 적이 없었어."

엄마의 이야기를 듣고 곰곰이 생각해보니 늦은 밤에 엄마가 뒷마당에서 들어오지 않으시면 아빠가 엄마의 어깨를 안고 들어오는 걸 봤던 기억이 났습니다. 아빠는 속상해하는 엄마의 마음을 잘 풀어주셨던 것 같습니다. 제 남편도 제가 조금이라도 서운해하거나 속상해하고 있으면 다음 날 사랑의 문자를 보내줍니다. 그러면 저는 언제 그랬냐는 듯이 기분이 좋아지고 남편이 그렇게 고마울 수가 없습니다.

리더와 돕는 배필

이 세상에 완벽한 사람은 없습니다. 누구나 약점이 있고 부족한 부분도 있습니다. 우리는 완벽한 사람과 결혼한 게 아니고 서로 부족한 사람들끼리 만나 결혼하는 것입니다. 지금 내 배우자를 바라보면서 '저 사람은 저것만 고쳤으면 좋겠다'라고 생각하고 그 부분을 계속 지적한다면 배우자에게 큰 상처가 될 수도 있습니다.

혹시 내 배우자를 다른 사람과 혹은 연예인과 비교한다면 배우자의 마음 가운데 열등감이 생길 수도 있습니다. 그렇게 비교하기 시작하면 배우자를 지옥으로 밀어넣는 것과 같습니다. 있는 그대로의 모습을 사랑해주고 격려해준다면 비교하는 것보다 더 큰 효과가 있을 것입니다.

하나님께서는 우리의 단점을 보완해주는 배우자를 만나게 하십니다. 특히 하나님께서는 여자를 창조하시면서 남자의 돕는 배필이라고 하셨습니다. 하나님께서는 남편을 가정의 '리더'로 세우셨고, 아내를 '돕는 배필'로 만드셨습니다.

이는 남편이 아내의 머리 됨이 그리스도께서 교회의 머리 됨과 같음이
니 그가 바로 몸의 구주시니라 엡 5:23

여호와 하나님이 이르시되 사람이 혼자 사는 것이 좋지 아니하니 내
가 그를 위하여 돕는 배필을 지으리라 하시니라 창 2:18

내 눈으로 볼 때 남편의 리더십이 만족스럽지 못하다고 해서 내
가 리더가 되어 남편을 좌지우지하는 순간 그 가정의 질서는 깨지
게 될 것입니다. 내 마음대로 결정하고 남편에게 따라오라고 한다
면 하나님의 말씀에 불순종하는 것과도 같은 죄를 짓는 것입니다.
이것은 죄의 결과이기 때문에 우리 가정 안에 사탄이 합법적으로 활
동하게 되는 무서운 결과를 가져오기도 합니다.

하와가 범한 죄가 결국은 불순종이었습니다. 하나님께서는 남
편인 아담에게 선악과를 먹지 말라고 하셨고, 그는 그 뜻을 아내인
하와에게 전했습니다. 그런데 하와는 남편의 말을 따르지 않고 스
스로 선악과를 먹었을 뿐만 아니라 남편에게도 먹게 했습니다. 남
편인 아담의 말은 하나님께로부터 받은 계명이었습니다. 하나님께
서는 부부에게 동시에 말씀하신 게 아니라 남편에게 먼저 말씀하셨
습니다. 하와가 정말로 남편의 뜻을 존중하고 순종했더라면 선악
과를 먹지 않았을 것입니다.

이 시대에도 가정에서 강한 리더십을 발휘하는 아내에게 마지못해 남편이 순종하고 따라가는 경우가 종종 있습니다. 그러나 성령님은 그 가정을 탄식하실 것입니다. 하나님께서 세운 리더인 남편에게 약점이 있다면 그것을 보완해주길 바랍니다. 돕는 배필인 아내에게 부족한 점이 있다면 리더가 먼저 모범을 보여주고 사랑으로 감싸주길 바랍니다.

하나님께서 남편에게 주신 직급은 리더이고, 아내에게 주신 직급은 돕는 배필입니다. 회사의 사장과 직원의 관계에서도 사장은 큰 계획과 비전을 세우고, 직원들은 그것에 발맞추어 세세한 업무를 진행합니다. 물론 1인 기업도 있지만, 대부분 리더 없는 직원도, 직원 없는 리더도 없습니다. 서로 상호보완적인 관계입니다. 돕는 배필이 지혜로우면 리더가 빛날 수 있고, 리더가 훌륭하면 돕는 배필이 부족하더라도 잘 이끌어갈 수 있습니다.

리더와 돕는 배필 중 한 사람에게 단점이 있다면 그것은 다른 한 사람이 책임지고 맡아주어야 합니다. 싫은데 억지로 하는 것이 아니라 남편을 사랑하고 섬기는 마음으로 한다면 그 가정은 사랑이 넘쳐날 것입니다. 그러나 억지로 하면 결국은 감정이 폭발하여 큰 싸움으로 이어질 수 있습니다. 배우자의 단점까지도 사랑할 수 있는 마음을 달라고 기도하시기 바랍니다. 그러면 하나님께서 우리에게 배우자를 향한 긍휼의 마음을 부어주실 것입니다.

부부 사랑의 비결

예수님의 본질은 사랑입니다. 그 사랑은 십자가에서 완성되었습니다. 사랑은 모든 율법의 완성이라고 하셨습니다. 사랑할 때만 모든 율법을 지킬 수 있습니다. 성경에 나온 수많은 율법을 자신의 의지와 생각으로 지키는 것은 무척 힘겨울 뿐만 아니라 지킬 수도 없습니다.

부부간의 사랑도 마찬가지입니다. 우리에게는 배우자에 대한 기대와 요구사항들이 있습니다. 결혼과 동시에 율법의 리스트를 넘겨주면서 이것들을 꼭 지켜달라고 배우자에게 요구한다면 처음 몇 번은 지켜줄 수 있을 것입니다. 그러나 시간이 지나면서 배우자에게 약속했던 것들이 무거운 짐이 되어 나를 압박해올 것입니다.

예를 들어 완벽주의 성향을 지닌 아내가 남편을 향해 다음과 같은 리스트들을 꼭 지켜달라고 가정해보면 이렇습니다. "치약은 뒤에서부터 짜주세요", "양말은 뒤집어서 벗지 말고 똑바로 벗어 빨래바구니에 넣어주세요", "모든 기념일을 빠뜨리지 말고 챙겨주세요", "저녁 7시까지는 퇴근해주세요", "하루에 세 번씩 사랑의 고백을 해주세요."

그런데 남편은 반대로 털털한 성격이라면 이런 아내의 요구사항에 숨막힐 것입니다. 그렇다면 서로 다른 성격의 남녀가 만나 지속적인 사랑을 나눌 수 있는 것, 그 해답이 성경에 있습니다.

너희가 나를 사랑하면 나의 계명을 지키리라 요 14:15

간음하지 말라, 살인하지 말라, 도둑질하지 말라, 탐내지 말라 한 것과 그 외에 다른 계명이 있을지라도 네 이웃을 네 자신과 같이 사랑하라 하신 그 말씀 가운데 다 들었느니라 사랑은 이웃에게 악을 행하지 아니하나니 그러므로 사랑은 율법의 완성이니라 롬 13:9,10

아무리 강조해도 지나치지 않는 것은 바로 '하나님의 사랑'입니다. 부부 세미나나 책에서 부부간의 사랑에 대해 많이 듣거나 봐도 그 모든 것들을 우리의 힘으로 지킬 수 없습니다. 집중적으로 훈련받은 그 기간에 조금은 변할 수 있지만 그것이 오래가지는 못할 것입니다.

성경에는 '너희가 나를 사랑하면'을 전제로 하고 있습니다. 문제에 해답이 있는 게 아니고, 하나님의 사랑에 해답이 있다는 것입니다. 그 다음이 '나의 계명을 지키리라'입니다. 그 계명은 바로 '네 이웃을 네 몸과 같이 사랑하라'입니다.

이웃에는 아내나 남편도 해당될 것입니다. 배우자를 내 몸처럼 사랑한다면 그것이 바로 배우자의 요구사항을 기쁨으로 지켜줄 수 있다는 뜻입니다. 설사 배우자가 내 요구사항을 다 지켜주지 못하더라도 그 모습 그대로 사랑할 수 있는 것입니다.

첫째는 "네 마음을 다하고 목숨을 다하고 뜻을 다하고 힘을 다하여 주 너의 하나님을 사랑하라" 하신 것이요, 둘째는 "네 이웃을 네 자신과 같이 사랑하라 하신 것이라 이보다 더 큰 계명이 없느니라"입니다. 이 말씀 안에 아름다운 가정, 사랑하는 부부가 만들어지는 비결이 있습니다.

가정 안에서 아내나 남편을 사랑할 수 없는 사람은 열방을 품을 수 없습니다. 내 아내 혹은 남편의 깊은 한숨 소리를 들으면서 하는 기도는 이내 막히게 됩니다. 하나님의 사랑과 은혜가 들어오는 길을 막는 것입니다. 부부는 하나님의 생명의 은혜를 함께 이어받습니다.

> 남편들아 이와 같이 지식을 따라 너희 아내와 동거하고 그를 더 연약한 그릇이요 또 생명의 은혜를 함께 이어받을 자로 알아 귀히 여기라 이는 너희 기도가 막히지 아니하게 하려 함이라 **벧전 3:7**

아마 이런 생각을 하고 있는 사람들이 있을 수 있습니다.
'내 배우자는 내가 사랑하기에는 큰 문제가 있습니다.'

실제로도 허물이 많은 사람일 수 있습니다. 다른 사람에게 말할 수 없는 큰 문제가 있을 수도 있습니다.

그러나 하나님께서는 이렇게 말씀하고 계십니다. 그럼에도 불구하고 먼저 뜨겁게 사랑하라고…. 사랑만이 허다한 허물을 덮을 수 있기 때문입니다.

무엇보다도 먼저 서로 뜨겁게 사랑할지니 사랑은 허다한 죄를 덮느 니라 벧전 4:8

우리의 삶 가운데 때로는 힘들고 지쳐 쓰러질 때도 있고, 더 이상 걸어갈 힘조차 없을 때도 있습니다.
혼자라고 느껴지는 순간이 있을 수도 있습니다. 모든 사람들이 나를 버리고 손가락질을 할지라도 그
곳에 단 한 분, 예수님이 함께 계십니다. 그분은 우리에게 손을 내밀어주십니다.

Part 3

약함 가운데
부어지는 사랑

5

하나님께서 주신
사랑의 열매

하늘 공주와의 만남

저는 배우자를 만나기 전부터 태어날 아이에 대해 기도해왔습니다. 배우자는 이미 제 믿음 안에서 살아 있었고, 또 다른 열매인 미래의 자녀에게까지 믿음이 이어졌습니다. 아직 배우자도 나타나지 않았는데 어떻게 미래의 자녀에 대해 기도할 수 있었을까요? 제 안에는 이미 겨자씨만 한 믿음이 무성한 나무가 되어 있었습니다.

저는 딸을 꼭 낳고 싶었습니다. 어린 시절에 화상으로 잃어버린 얼굴을 딸을 통해 보고 싶었기 때문입니다.

2009년 5월에 했던 기도, 그 믿음의 실체가 결혼과 동시에 제게 찾아왔습니다. 남편과 예배를 드리고 나서 자녀에 대해 구체적으로 계획을 세웠습니다. 신혼 일 년간은 둘만의 시간을 갖기로 했고, 다이어리에 임신하고 싶은 달에 표시를 해두었습니다. 그런데 바로 다음 날부터 이상하게 속이 울렁거리기 시작하더니 온갖 냄새에 구역질이 나기 시작했습니다. 아무래도 이상한 것 같아 검사를 했는데 이미 배 속에 예린이가 있었던 것입니다. 하나님의 계획은 이미 제 계획보다 앞서 있었습니다.

"예인(예린이의 태명)아, 조금만 더 기다려줘. 엄마가 준비되면 만나자."

그렇게 속삭여줬는데 이미 배 속에 있었다니, 정말 당황스러운 순간이었습니다.

사람이 마음으로 자기의 길을 계획할지라도 그의 걸음을 인도하시는 이는 여호와시니라 잠 16:9

우리의 계획보다 앞서 계획을 세우시고, 늘 좋은 것으로 좋은 때에 주시는 하나님께서 아기를 이미 주셨던 것입니다. 제게 오기 전부터 제 마음속에 있었고, 믿음의 실체로 나타난 아이에게 저는 수시로 기도를 해주었습니다.

"예인아, 사랑해, 축복해."

그래서 예린이가 태어나기 전부터 가장 많이 들었던 말이 "사랑해, 축복해"였을 것입니다. 그리고 제 첫 책을 편집해주신 편집장님이 말씀 태교에 관한 책을 선물로 주었습니다. 그 책을 읽고 회사에서 일하는 시간을 빼고는 늘 말씀 CD를 틀어놓고 지냈습니다. 말씀으로 세상과 우리를 창조하신 창조주 하나님의 말씀을 들으며 아기가 예쁘고 건강하게 자라길 바라는 마음으로 출산일을 기다렸습니다.

어느 날 남편이 아이의 별명을 지어야겠다면서 태어나면 '하늘 공주'라고 부르자고 했습니다. 아이에게 하늘나라 백성의 정체성과 왕 같은 제사장이라는 자아를 형성해주기 위해서였습니다.

시아버님은 남편을 어릴 때부터 '각하'라고 부르셨고, 지금도 그렇게 부르십니다. 어린 시절 남편이 아버님과 대중목욕탕에 갔을 때 아버님이 큰 소리로 "각하"라고 부르시면 사람들이 다 쳐다봤다는 말을 듣고는 애칭이 정말 재미있다고 생각했습니다. 게다가 아버님은 시누이인 형님을 '공주마마'라고 부르셨습니다. 저는 '아버님께서는 어쩜 이런 지혜를 가지셨을까' 하고 감탄했습니다.

자녀들에게 건강한 자존감을 심어주고 하나님의 백성답게 강하고 담대하게 살아갈 수 있는 애칭을 지어주신 게 정말 놀라웠습니다. 남편은 아버님께 그 지혜를 배워서 예린이를 '하늘 공주'라고 부릅니다.

가끔 '어떻게 태교를 했기에 아기들이 이렇게 순하냐'라고 물어보시는 분들이 있습니다. 그때마다 저는 '말씀 태교' 덕분이라고 대답합니다. 그래서 예비부부들에게 말씀 태교를 꼭 권하고 싶습니다. 제가 했던 건 배에 손을 얹고 기도하고, 찬양을 듣고, 말씀을 암송해서 들려준 것밖에 없지만 신기하게도 아이들이 잠도 잘 자고 잘 먹고 순하게 잘 자라고 있습니다.

그래서 임신하신 분들을 만나면 말씀 태교를 하라고 꼭 권해줍니다.

"말씀 태교를 안하면 까칠한 아기가 나와요!"

아기를 낳아보신 분들은 이런 아기가 얼마나 키우기 힘든지 공감할 것입니다. 집에서든 차안에서든 말씀 CD를 틀어놓고 있으면 아이들은 알아서 말씀을 먹고 자랍니다. 언젠가는 그 말씀이 살아서 아이들에게 역사하실 거라고 믿습니다.

저는 임신 중에도 평상시와 동일하게 회사에서 일하고, 월요일이면 HTM 말씀 치유집회에 가서 섬겼습니다. 만삭이 되어 아기를 낳기 전까지 집회에 가서 그곳에 임하신 하나님의 영광과 임재가 아이들의 삶에 함께하기를 기도했습니다. 제 배에 손을 얹고 성령님이 아이들에게 임하기를 정말 많이 기도했습니다.

예린이를 임신했을 때 했던 기도 중 하나가 아이의 아름다운 미소만으로도 아픔과 슬픔이 있는 사람들이 치유되게 해달라는 것입니다. 아이를 통해 사람들이 치유되길 바랐습니다.

예린이를 돌봐주시는 아주머니는 당뇨병을 앓고 계시는데, 주말 내내 당 수치가 올라갔다가도 주중에 예린이랑 즐겁게 시간을 보내고 나면 신기하게도 그 수치가 내려갔습니다. 아이들을 돌보다보면 힘들고 지쳐서 수치가 올라갈 것 같은데, 잘 놀고 잘 먹고 잘 자고 잘 웃는 예린이로 인해 오히려 내려간 것입니다.

아이를 통해 아주머니에게까지 하나님의 기쁨이 흘러간 것 같아 저는 기분이 좋았습니다. 성경에도 마음의 즐거움은 양약이라고 했습니다.

마음의 즐거움은 양약이라도 심령의 근심은 뼈를 마르게 하느니라
잠 17:22

저는 예린이의 마음에 있는 기쁨과 즐거움이 아주머니에게로 흘러갔다고 생각합니다. 가정이 행복하고 건강하면 아이에게 그 영향력이 흘러갑니다.

만일 집이 스스로 분쟁하면 그 집이 설 수 없고 막 3:25

어린 시절에 들었던 잔혹한 무차별 범죄 사건인 지존파 사건은 정말 충격적이었습니다. 그런데 안타깝게도 범죄를 저지른 이들이 모두 깨진 가정에서 자랐다는 공통점이 있었습니다. 그래서 저는 가정의 회복과 주님이 주인되는 가정을 이루는 게 정말 중요하다고 생각합니다. 나와 내 가정이 하나님과 동행한다면 그것을 통해 하나님나라가 이루어질 것입니다.

30개월 된 예린이가 어린이집을 다니게 되어 처음 적응 기간에 남편이 함께 어린이집에서 시간을 보낸 적이 있었습니다. 그때 남편이 놀라운 이야기를 해주었습니다.

"아무래도 하나님께서 당신의 기도를 들어주신 것 같아요."

"왜요? 무슨 일 있었어요?"

"예린이랑 어린이집에서 같이 놀고 있는데, 어떤 아이의 엄마가 무척 슬프고 우울한 표정으로 옆에 앉아 있었어요. 그런데 그 엄마가 우리 예린이랑 주원이랑 같이 놀아주기 시작한 지 얼마 안 되서 표정이 갑자기 환해지기 시작했어요. 나중에 헤어질 때는 올 때와 표정이 완전히 달라져서 돌아갔어요."

예린이 안에 있는 행복과 기쁨이 다른 사람에게 치유를 가져온

두 번째 경험이었습니다. 아이는 아무것을 하지 않아도 그 안에 계신 참 포도나무이신 예수님으로 열매 맺는 삶이 되는 게 제 간절한 기도였습니다. 어느 곳에 있든지 설마 그곳이 사자굴이라 할지라도 그 장소에 영향받는 게 아니라 예수 그리스도의 향기로 영향을 주는 삶을 살기를 바라며 드린 기도였습니다.

저는 그 이야기를 듣고 눈물이 나려는 것을 간신히 참았습니다. 하나님의 놀라운 은혜와 사랑 앞에서 정말 감격스러웠습니다. 우리 가정 가운데 임한 천국, 천국 같은 가정을 주신 그분의 은혜에 말로 다할 수 없는 감사와 찬양을 올려드렸습니다.

시월드는 즐거워

저희 집에는 열한 명의 가족이 살고 있습니다. 아버님과 어머님, 형님(시누이)부부와 세 딸들, 그리고 우리 가족 네 명을 합쳐 모두 열한 명입니다. 한 지붕 세 가족입니다.

의사이신 형님이 직장을 안산산재병원으로 옮기면서 세 아이들을 돌보고 계시던 시부모님까지 함께 올라오신 것입니다. 어머님은 우리 아이들도 같이 봐줄 테니 근처로 이사오라고 하셨습니다. 그런데 근처여도 옆집이 아니고는 안 되겠다는 생각이 들었습니다. 당시 아이들이 4개월, 16개월이어서 아침저녁으로 데리고 왔다 갔다

하는 게 불가능할 것 같았습니다.

그럴 바에는 차라리 같이 사는 게 낫겠다는 생각이 들어 우리 부부가 먼저 제안을 드렸습니다. 모두들 며느리인 저만 괜찮다면 좋다고 하셔서 만장일치로 살림을 합치게 되었습니다. 시댁과 같이 산다고 하니 주변에서 많이 걱정했습니다. 하지만 남편은 아무 문제없을 테니 걱정하지 말라고 했습니다.

"필겸씨, 괜찮을까요?"

"걱정하지 말아요. 내가 부모님과 누나네 식구랑도 살아봤고, 효진씨랑도 같이 살아봤는데 괜찮을 것 같아요."

그리고 함께 산 지 4년이 지난 지금까지 특별한 갈등이나 분쟁이 없었습니다. 아마 제가 아닌 어떤 며느리가 오더라도 아무 문제가 없었을 거라고 생각합니다. 저는 식구들과 함께 살아보고 나서야 남편의 대답이 이해가 됐습니다.

어머님은 다섯 명이나 되는 아이들을 한결같은 사랑과 희생으로 돌봐주십니다. 젊은 사람도 감당하기 힘든 일을 하시면서도 기쁨으로 하십니다. 주말이면 어머님이 힘드시다고 아버님께서 집안일을 많이 도와주십니다. 하루는 아침 식사를 마치고 어머님과 형님과 제가 커피를 마시고 있는데 아버님이 직접 설거지를 하셨습니다. 제가 죄송스러워서 "아버님, 저희끼리만 커피를 마셔서 죄송해요"라고 말씀드렸습니다.

"허허, 시대가 그런 걸 어쩌냐? 보기 좋구먼."

아버님과 어머님은 먼저 베푸시고 늘 저희를 사랑해주십니다. 며느리의 단점과 허물을 보지 않으시고 오직 사랑으로 감싸주시는 분들입니다. 주말이면 제가 늦게까지 자도록 아이들이 먼저 깨면 데리고 가서 놀아주시고, 충분히 쉬라고 설거지도 시키지 않으십니다. 무엇보다 세 아이를 낳은 형님과 남편을 훌륭하게 키우신 어머님의 지혜를 배울 수 있어서 참 좋습니다.

대식구가 모여 살면서도 갈등이 없는 이유는 부모님이 먼저 저를 율법이 아닌 사랑으로 대하시기 때문입니다. 정말 딸과 똑같이 대해주십니다. 만약 율법의 눈으로 며느리인 저를 바라보신다면 단점 투성이일 것입니다. 비판과 판단의 눈으로 보기 시작한다면 하나부터 열까지 마음에 안 드실 것입니다.

제가 잘하기 때문이 아니라 부모님이 사랑으로 대해주시기 때문에 갈등이 없다는 생각이 듭니다. 보통의 시어머니와 시누이는 종종 며느리의 흉을 보고 약점을 꼬투리잡는데 우리 집은 그 반대입니다. 며느리의 단점이 보여도 사랑으로 덮어주십니다.

미움은 다툼을 일으켜도 사랑은 모든 허물을 가리느니라 잠 10:12

어머님을 보고 배워서 그런지 형님에게 베풀고 나누는 것은 정말 자연스러운 일입니다. 세 딸들의 옷을 살 때는 꼭 저희 아이들의 옷까지 같이 사고, 장난감도 챙겨주십니다. 심지어는 추운 겨울에 따뜻한 이불을 구입하면서 저희 부부의 이불까지 사주시기도 했습니다. 형님은 '나누면 배(倍)가 된다'는 삶의 원칙을 갖고 베풀고 나누는 것을 무척 좋아하십니다.

다들 시댁에서 산다고 하면 시집살이한다고 생각하는데 사실은 반대입니다. 어머님이 이것저것 챙겨주시느라 더 고생하십니다. 아침에 제가 늦잠을 자도 '사랑하는 자에게 잠을 주신다'라고 하시면서 무안해하는 저를 편안하게 대해주십니다.

사자굴에 들어간 다니엘은 머리털 하나 상하지 않았습니다. 다니엘에게는 하나님께서 함께하셨기 때문입니다. 보통의 아내들은 시댁을 부담스러워하지만 하나님께서 함께하신다면 시댁이나 친정이나 기쁘게 지낼 수 있을 것입니다.

사랑해, 축복해, 고마워

하나님 안에서 서로 사랑할 수 있는 가족이 있다는 것은 큰 축복입니다. 사랑하는 남편과 예쁘고 사랑스러운 두 아이와 함께하는 시간은 정말 행복합니다.

하루가 멀다 하고 세계 곳곳에서는 전쟁과 기근, 지진의 소식이 들려오고 있습니다. 사랑하고 싶어도 사랑하는 가족을 잃어버린 사람들이 정말 많습니다. 오늘 이 하루가 우리가 사랑할 수 있는 마지막 시간일 수도 있습니다. 내일의 일을 염려하고 걱정하는 차원이 아니라 오늘 내게 주어진 하루의 시간 안에서 서로 사랑하고 용서하며 이해한다면 모두 행복한 가정을 만들어갈 수 있습니다.

제 안에 계신 성령님께서 가장 많이 하시는 말씀과 그 말씀에 제가 꼭 드리는 대답이 있습니다.

'효진아, 사랑한다.'

'아빠, 사랑해요! 감사합니다!'

저는 하루에도 셀 수 없을 정도로 하나님을 향해 사랑과 감사를 고백합니다. 제 안에서 저절로 흘러나오는 그 사랑을 고백하지 않을 수 없습니다.

심지어는 회사 업무 가운데 정말 중요한 프레젠테이션에서 떨어졌을 때도 '하나님, 감사합니다'라고 고백했습니다. '하나님께서 더 좋은 것으로 주시려고 떨어뜨리셨구나'라는 생각에 진심으로 감사할 수 있었습니다. "범사에 감사하라"라는 하나님의 말씀은 제 힘과 의지로 지킬 수 있는 말씀이 아닌 제 안에 계신 성령께서 저를 온전히 통치하실 때 가능합니다.

이 글을 읽으시는 분들 중에는 '나도 따라해봐야겠다'라고 결심하는 분들이 있을 것입니다. 그러나 어쩌면 작심삼일이 될 수도 있습니다. 저도 그랬던 경험이 있습니다. 그러나 정말로 감사와 기쁨의 삶을 살 수 있는 길은 오직 성령 안에 거하는 방법밖에는 없습니다. 그래서 "너희는 먼저 그의 나라와 그의 의를 구하라"라고 하셨습니다. 하나님나라의 주인도 그 나라를 통치하시는 분도 하나님이시므로 그 나라에서만 기쁨과 감사와 은혜의 삶을 누릴 수 있습니다.

저는 아이들에게 우리가 사랑해야 할 분은 하나님이신 것을 어릴 때부터 가르치고 싶었습니다. 그래서 엄마에게 고백하는 "사랑해"를 하나님께도 할 수 있도록 가르쳤습니다. 잠자기 전에 기도를 마치고 나서 꼭 함께 외치는 말이 있습니다.

"하나님, 사랑해요! 하나님, 감사합니다!"

이렇게 함께 고백한 지 얼마 안 됐지만 예린이는 놀다가도 "하나님, 감사합니다"라는 말을 자주 합니다. '과연 그 뜻을 알고 고백하는 걸까'라는 생각도 들지만 그것이 아이의 평생의 고백이 되길 바라는 마음으로 함께 외치고 있습니다. 제 안에 있는 하나님의 사랑이 우리 가정 안에도 충만하게 넘칩니다.

감사의 씨앗은 감사의 열매들을 맺어 더 감사한 일들이 넘치게 되는 것 같습니다. 제가 만약 근심과 걱정과 염려로 한숨만 쉬고 있다면 아이들에게도 전이되어 걱정이 많은 아이로 자랄 수도 있습니다. 저는 이 땅의 모든 가정 가운데 하나님나라가 임하고 하나님께서 주시는 의와 평강과 희락으로 기쁨과 감사가 넘치는 되기를 소망합니다.

자녀는 부모의 거울

저는 아이들에게 아주 작은 감사도 고백하게 합니다. 감사가 하나님을 영화롭게 하기 때문입니다. '세 살 버릇이 여든까지 간다'는 말이 있듯이 세 살부터 훈련된 감사가 평생 감사가 되길 바라는 마음으로 훈련시킵니다.

하루는 예린이가 배꼽이 아프다고 했습니다. 저는 안방 화장대에 앉아 있었고 아이는 거실에 있었는데, 계속 아프다고 했습니다. 얼른 가서 기도해줘야겠다고 생각하고 있는데, 아이의 고백이 들렸습니다.

"어? 안 아프네. 엄마, 다 나았어. 하나님, 감사합니다!"

저는 아이들이 아프다고 하면 아이들에게 기도해주고, 더 아프지 않다고 하면 '하나님, 감사합니다'라고 고백하게 했습니다. 그런데 예린이가 그 고백을 스스로 한 것이었습니다. 저는 정말 기뻤습니다. 아이들은 '부모의 거울'이라고 하는데 정말 맞는 말이라고 생각했습니다.

30개월 된 아이가 하나님을 영화롭게 하는 것을 보면서 저는 다시 한번 제 모습을 점검해보았습니다. 내 모습을 그대로 따라하는 아이들에게 잘못된 말과 행동을 하고 있진 않은지 더 조심하게 되었습니다.

늘 깨어 기도하고 하나님의 지혜로 양육하려고 노력하지만 저도 가끔 실수할 때가 있습니다. 주말에 연년생의 두 아이들과 있다보면 피곤할 때가 종종 있습니다. 계속 놀아달라고 하는 아이들 앞에서 저도 모르게 '엄마 피곤해, 힘들어'라고 말하곤 했는데, 어느 날 예린이가 그 말을 따라하는 것이었습니다.

"예린아, 예배드리자."

"엄마, 힘들어."

저는 깜짝 놀랐습니다. 힘들어서 못 놀아주겠다는 말을 그대로 따라하는 예린이를 보며 저는 '어리석고 지혜 없는 엄마가 아이에게 부정적인 고백을 심어주었구나'라는 생각에 아이 앞에서 무릎을 꿇고 기도했습니다.

'하나님, 저는 지혜가 없어요. 하나님의 자녀들로 키울 수 있도록 제게 지혜를 부어주세요. 예수님의 이름으로 기도합니다. 아멘.'

그렇게 잠깐 기도했는데 예린이의 표정이 갑자기 밝아지면서 "엄마, 우리 예배드리자"라고 말했습니다. 얼마나 기쁘고 감사했는지 우리는 박수를 치면서 큰 소리로 하나님을 찬양하며 예배를 드렸습니다.

아이들은 정말 예측불허입니다. 아이들마다 기질과 성격이 다 달라 초보 엄마의 지혜로 양육하는 것은 정말 어려운 일입니다. 그래서 매순간 하나님을 의지하고 그분께 지혜를 구하면서 아이들을 키우고 있습니다.

기도하는 하늘 공주

예린이가 말을 시작하면서부터 저는 잠들기 전에 기도 훈련을 했습니다. 겨우 '할머니, 할아버지, 고모'라는 말밖에 못하는 아이가 기도를 합니다.

"엄마 중얼중얼, 아빠 중얼중얼, 함머니 중얼중얼, 하부지 중얼중얼, 꼬모 중얼중얼, 아가 중얼중얼."

열한 명이나 되는 가족의 이름을 모두 불러가며 기도 내용은 모두 '중얼중얼'입니다. 알아들을 수 없는 말로 기도합니다. 그러고는 자신이 좋아하는 뽀로로와 친구들의 이름까지 불러가며 기도하기도 합니다.

하루는 뽀로로를 위해 기도해달라는 예린이의 요청에 참 난감했습니다. 만화캐릭터를 위해 무엇을 기도해야하나 고민하던 중에 이렇게 기도해주었습니다.

"뽀통령인 뽀로로를 통해 예수님이 증거되게 해주세요."

요즘은 아기들이 태어나서 처음 만나는 캐릭터가 뽀로로인데 '그 내용 가운데 그리스도의 복음과 사랑이 녹아 있다면 아이들에게 참 좋겠구나'라는 생각이 들었습니다.

어느 날은 주원이를 먼저 재우려고 같이 누워서 잠든 척하고 있는데, 예린이가 제게 일어나라고 했습니다.

"엄마, 예린이 기도 안했잖아."

매일 기도하고 자야 되는 걸로 아는 아이는 먼저 무릎을 꿇더니 기도를 시작했습니다.

"하나님, 감사합니다. 하나님, 말씀 잘 듣게 해주세요. 할아버지, 할머니, 아빠, 엄마 말씀 잘 듣게 해주세요. 엄마, 그리고 또 뭐 기도해?"

예린이는 제가 먼저 선창하면 따라하는 기도를 주로 드립니다. 그래서 제게 물었습니다.

"엄마, 뭐?"

"예린이 지혜롭게 해주세요."

"엄마, 뭐?"

"예린이 건강하게 해주세요."

"엄마, 뭐?"

"예린이 착하게 해주세요"

둘째인 주원이는 누나를 그대로 따라합니다.

"뭐? 뭐? 뭐?"

그리고 가족들의 이름을 불러가며 기도합니다 대가족이 살기 때문에 매일은 아니지만 종종 모든 가족들의 이름을 불러가며 함께 기도합니다.

"엄마, 아빠는 뭐 기도해?"

"아빠한테 여쭤보자."

"예린이가 당신의 기도 제목을 알려달래요."

그러자 남편은 예린이에게 기도 부탁을 했습니다.

"성령충만하게 해달라고 기도해주세요, 예린아, 아빠 따라해 봐. 성령충만."

'아직 발음하기 어려울 텐데 할 수 있을까'라는 생각에 좀 무리한 기도 제목이 아닌가 싶었습니다.

"아빠가 떵령뚱만하게 해주세요."

"하하하."

저도 성령충만하게 기도해달라고 예린이에게 부탁했습니다.

"엄마가 떵령뚱만하게 해주세요."

"아멘."

발음이 부정확해도 하나님은 들으시고 응답하신다는 믿음으로 아빠와 엄마의 성령충만함을 위해 함께 기도하고 있습니다.

무지개를 보여주세요

주일날 아이들과 차를 타고 교회에 가는 길이었습니다. 잠시 후 빗방울이 떨어지기 시작했고, 창밖 너머로 사람들이 우산을 쓰고 다니는 모습이 예린이의 눈에는 신기했나봅니다. 그런 예린이에게 시누이의 둘째 딸이 무지개에 대해 이야기를 했습니다. 아직 무지개가 뭔지 모르는 아이는 무척 궁금해했습니다.

"엄마, 무지개가 보고 싶다."

"무지개는 비가 그치고 해가 떠야 보여. 그런데 여긴 먼지가 많아서 보기가 힘들어."

"무지개를 보고 싶어."

"예린아, 하나님께 무지개를 보여달라고 기도해 봐."

제 말이 떨어지자마자 아이는 두 손을 모으고 기도를 하기 시작했습니다.

"하나님, 무지개를 꼭 좀 보여주세요. 예린이에게 무지개를 보여주세요."

저는 아이에게 주문을 외우듯이 기도를 시키는 건 아닌지 조금 걱정스럽기도 했습니다.

'기도했다가 응답이 안 되면 실망할 텐데….'

저녁 때가 되어 영어교육 차원에서 보여주는 DVD 만화인 '까이유'를 틀었습니다. 그동안 재밌게 보던 것인데 그날따라 시큰둥해

하기에 다른 이야기가 담긴 시리즈로 바꿔서 아이들과 함께 보고 있었습니다. 그런데 주인공인 까이유의 집 앞에 비가 그치고 무지개가 뜨는 장면이 나왔습니다.

"무지개다! 와~ 예린이가 기도하니까 하나님께서 정말 무지개를 보여주시네."

예린이보다 제가 더 깜짝 놀랐습니다. 믿음 없이 시킨 기도에도 환경과 상관없이 하나님의 방법대로 응답해주신 하나님, 그 순간 재미있는 에피소드 하나가 제 머리를 스치고 지나갔습니다.

가뭄이 심한 지역에 가족들이 함께 모여 비가 오게 해달라고 간절히 기도하고는 외출 준비를 했다고 합니다. 그런데 햇빛이 쨍쨍 내리쬐는 날씨에 아들이 우산을 들고 나가는 것이었습니다. 아버지는 날씨가 좋은데 왜 우산을 들고 가느냐고 아들에게 말했습니다. 그때 아들의 대답이 모두를 깜짝 놀라게 했습니다.

"아까 비 오게 해달라고 기도했잖아요!"

저도 예린이에게 동일한 실수를 범하고 있었습니다. 현실적으로 불가능한 기도라고 생각했기 때문에 솔직히 1퍼센트의 기대도 없었습니다. 그런데도 하나님께서는 놀라운 방법으로 응답하셨습니다. 어떤 분은 '우연이 아닐까'라고 생각할 수도 있을 것입니다. 그러나 정말 신기하게도 그 우연은 기도할 때만 일어난다는 것입니다. 예린이의 기도를 통해 이 말씀을 또 한번 마음에 깊이 새깁니다.

그러므로 내가 너희에게 말하노니 무엇이든지 기도하고 구하는 것은 받은 줄로 믿으라 그리하면 너희에게 그대로 되리라 막 11:24

떼쓰는 아이에게 사랑의 매를

말씀암송 태교로 태어난 예린이와 주원이는 정말 키우기가 수월했습니다. 태어난 지 50일부터 밤에 잠들면 아침 7~8시까지 자는 아이들을 보면서 참 감사했습니다. 우리는 예린이가 워낙 순해서 바로 둘째 아이를 갖는 것에 대해 생각할 수 있을 정도였습니다. 특히 둘째 주원이는 눕혀놓고 방을 나와도 혼자 조용히 잠드는 신통한 아기였습니다. 자다가 깨도 울지 않고 혼자 놀고 있곤 했습니다.

어느 날은 문을 열고 들여다보니 혼자 일어나서 책을 보고 있었습니다. 그 모습을 보면서 '하나님께서 아기 천사를 보내주셨구나'라는 생각이 들기도 했습니다. 그러나 이런 순둥이들도 20개월이 지나면서 떼를 쓰는 시기가 찾아왔습니다. 처음에는 무척 당황스러웠습니다.

'아, 말씀 태교로 태어난 아이들도 떼를 쓰는구나.'

어떻게 해야 할지 참 막막했습니다. 떼쓰는 대로 다 들어주면 떼쟁이가 될 것 같고, 안 들어주면 계속 달라고 떼를 쓰니 어떻게 해야 하나 고민이 많았습니다. 막무가내로 떼를 쓰는 아이들을 보며 마음속으로 기도했습니다.

'하나님, 지혜를 주세요. 어떻게 해야 할지 모르겠어요.'

남편과 함께 이 문제를 상의하는데, 남편은 성경대로 키우자고 했습니다.

매를 아끼는 자는 그의 자식을 미워함이라 자식을 사랑하는 자는 근실히 징계하느니라 잠 13:24

아이의 마음에는 미련한 것이 얽혔으나 징계하는 채찍이 이를 멀리 쫓아내리라 잠 22:15

그러면 누가 매를 들 것인가를 상의하다가 아이들과 가장 애착관계가 좋은 제가 하는 게 좋겠다고 남편이 제안했습니다. 남편이 하면 아이들에게 상처로 남을 수도 있고, 하나님 아버지와의 친밀함에도 문제가 될 것 같아 제가 매를 들기 시작했습니다.

남편은 아이들이 떼를 쓰는 것은 부모들을 조종하려고 하는 것이기 때문에 받아주지 말라고 항상 강조합니다. 그러나 엄마의 입장에서 아이가 떼를 쓸 때마다 매를 드는 것은 쉬운 일이 아니었습니다. 가끔은 그냥 받아주고 안아주고 다 들어주고 싶은 마음이었습니다. 하루는 떼를 쓰기 시작하는 예린이를 매로 훈계하기 위해 방으로 들어가 엉덩이를 때려주었습니다. 저는 매를 들 때마다 간절한 마음으로 하나님께 기도합니다.

'하나님, 제가 잘하고 있는 건가요? 도와주세요. 성령님, 이 장소에 임하여주세요.'

하나님의 임재를 구하는 기도를 동시에 드렸습니다. 짧은 순간이고 아이가 떼를 쓰면 정신이 없기도 하지만 하나님의 임재 가운데 아이를 훈육하는 것은 정말 중요하다고 생각합니다. 제 뜻대로 매를 든다면 자칫 아이에게 큰 상처를 남길 수도 있고, 제 감정이 통제가 안 될 수도 있기 때문입니다.

한 대를 때리자 예린이가 더 크게 소리를 지르고, 떼굴떼굴 구르며 울기 시작했습니다. 그 순간은 마음이 아파서 차라리 저를 때리고 싶을 정도였습니다. '꼭 이렇게까지 해야 하나' 싶은 생각이 들었지만 그때 하나님의 말씀이 떠올랐습니다.

"매를 아끼는 자는 그의 자식을 미워함이라."

두 대째 때리는 순간에도 기도했습니다.

'하나님, 예린이의 마음에 상처나지 않게 해주세요.'

두 번째 매에도 아이는 고집을 꺾지 않고 떼를 썼습니다. 그리고 세 번째, 네 번째 매를 들었을 때야 비로소 떼쓰는 것을 멈추고 눈물을 그쳤습니다. 아이에게 제 눈을 보라고 말했지만 피했습니다.

자신이 잘못해서 혼나는 것을 알았기 때문입니다. 그때 저는 아이의 눈을 보며 기도했습니다.

'하나님께서 심지 아니한 모든 성품들이 아이에게서 떠나가게 해주시고, 그 자리에 주님을 닮은 성품이 자라게 해주세요.'

예린이가 혹시나 상처받을까 봐 눈을 보면서 마음으로 선포하고 아이가 입술로 고백하게 했습니다. 저는 입술의 고백이 참 중요하다고 생각합니다. 하나님께서는 우리가 마음으로 믿어 의에 이르고 입술로 시인하여 구원을 받는다고 말씀하셨습니다. 그렇다면 아이의 귀에 들리게 스스로 잘못했다고 고백할 때 떼 쓰는 습관이 고쳐질 거라고 생각했습니다.

"엄마, 따라해. 잘못했어요. 떼 안 쓸게요."

"잘못했어요, 떼 안 쓸게요."

잘못했다고 고백하고 나서야 눈물을 뚝뚝 흘리는 아이를 꼭 안아줬습니다.

"예린아, 사랑해. 엄마가 사랑해서 맴매하는 거야. 이젠 엄마 말 잘 들을 거지?"

"예린이를 사랑해서 맴매 하는 거야?"

"그래 예린아, 이제 떼쓰지 마. 알았지?"

"응, 엄마."

하나님께서 제 손이 되어주시길 바라며 아이가 하나님의 성품을 닮아 자랄 수 있도록 기도하는 마음으로 매를 듭니다. 혹시나 아이의 마음 가운데 상처로 남을까 걱정이 되어 잠들기 전에 내적 치유의 시간을 갖곤 합니다.

"예린아, 많이 아팠어?"

"응, 엄마. 맴매하지 마. 예린이 예뻐."

"미워서 맴매하는 게 아니야. 사랑해서 맴매하는 거야."

아이가 울먹이면서 대답하는데 제 마음이 아팠습니다. 엄마인 제가 더 치유가 필요한 시간이었습니다. 저도 눈물을 삼키고 아이를 꼭 안아주며 함께 치유의 시간을 가졌습니다.

"예린아, 사랑해."

"엄마, 사랑해."

하나님, 잘못했어요

둘째인 주원이는 집에서도 어린이집에서도 소문난 아이입니다. 밥도 혼자서 잘 먹고, 낮잠을 재울 때도 칭얼대지 않고 혼자 잘 잡니다. 어린이집에서도 적응을 잘하고 선생님의 말도 무척 잘 듣습니다. 어린이집을 다닌 지 3개월 정도 지났을 때 누나가 다니는 어린이집으로 옮기게 되었습니다. 주원이를 돌봐주시던 선생님은 다른 어린이집에 가지 말라며, 주원이 같은 아이들은 50명도 돌볼 수 있겠다면서 무척 아이를 예뻐했습니다.

그런 신통하고 예쁘기만 한 주원이도 가끔은 불순종하는 경우가 있습니다. 주원이가 잘못할 경우 '엄마, 잘못했어요'라고 시키고 싶은데 아직 말을 못하기 때문에 몸짓으로 표현하게 합니다. 두 손으로 잘못했다고 빌게 하는 것입니다.

저는 아이들이 실수로 잘못한 것에 대해서는 야단을 치지 않습니다. 누구나 실수는 할 수 있기 때문입니다. 예를 들어 식탁에서 밥을 먹다가 손이 미끄러져서 물을 쏟는 실수에 대해서는 야단을 치지 않습니다. 그러나 고의로 물을 쏟으면 혼내줍니다.

하루는 주원이가 일부러 바닥에 물을 쏟았기에 잘못을 시인하게 했습니다.

"주원아, 물은 쏟으면 안 돼."

"엄마, '잘못했어요' 해 봐."

주원이는 저를 쳐다보면서 두 손을 싹싹 빌기 시작했습니다. 그런데 또 어느 날은 예배를 드리다가 성경책을 찢었습니다. 실수로 그런 게 아니고 일부러 찢은 것입니다. 심하게 혼내고 야단치면 예배를 아예 드리지 않으려고 할 것 같아 좋은 말로 성경책은 찢으면 안 되는 것을 가르쳐야겠다는 생각이 들었습니다.

"주원아, 성경책을 찢으면 하나님께서 '아야' 하셔."

"하나님께 '잘못했어요'라고 해."

주원이는 두 손을 모아서 빌고, 예린이는 옆에서 앉아 있다가 저를 따라했습니다.

"하나님, 잘못했어요."

"예린아, 주원이가 말을 못하니까 대신 기도해줘."

"엄마를 따라해 봐! '하나님, 오늘 주원이가 성경책을 찢었어요. 잘못했어요. 하나님, 용서해주세요.'"

예린이는 동생인 주원이를 대신하여 회개기도를 드렸습니다. 제가 이 일을 통해 아이들에게 가르치고 싶은 것은 바로 기도 훈련의 첫 번째인 '회개의 기도'입니다.

잘못한 것을 눈감아주고 넘어가면 나중에 더 큰 잘못을 하고도 그것이 죄인지 모를 것입니다. 특히 아직 분별력이 없는 어린아이들은 부모의 말씀에 순종하지 않고 막무가내로 떼를 쓰기가 쉽습니다. 그런 아이들을 그냥 두면 나중에는 통제할 수 없는 수준에까지 이를 것입니다.

아이들이 마냥 예쁘고 귀엽기 때문에 우리가 간과하기가 쉽습니다. 그러나 그렇게 하는 것은 부모에게 순종하지 않는 죄를 묵인하는 것과 같습니다. 부모에게 순종하지 않는 아이들은 나중에 하나님께 순종하는 것도 힘들어하게 될 것입니다.

우리에게 주신 하나님의 첫 계명은 바로 '부모에게 순종하라'입니다. 그것은 하나님의 계명입니다. 아이들의 기도 훈련의 두 번째는 '순종의 기도'입니다.

"엄마를 따라해요. '하나님 말씀을 잘 듣게 해주세요.'"

"하나님 말씀을 잘 듣게 해주세요."

사실 이 기도가 아이들의 마음에 뿌리를 내린다면 다른 기도는 특별히 하지 않아도 될 것입니다. 하나님의 말씀에 순종하는 것 안에 모든 계명이 들어 있기 때문입니다.

제가 아이들이 부모의 말에 순종하지 않을 때 눈물을 머금으면서 매를 드는 것도 결국은 하나님의 말씀에 순종하도록 하기 위해서입니다. 이제 서너 살밖에 되지 않은 아이들이 부모의 말을 듣지 않고 불순종한다면 사춘기인 중학생이 되어서는 그 누구의 말도 듣지 않게 될 것입니다.

어린아이들을 둔 엄마로서 저는 아무것도 장담할 수 없습니다. '제가 이렇게 하니까 여러분도 이렇게 하세요'라고 말씀드리는 게 아닙니다. 하나님의 말씀대로 아이들을 키우려고 기도하면서 노력하는 제 삶을 나누는 것입니다. 우리는 모두 다른 환경에서 자녀들을 키우고 있습니다. 각자가 처한 가정에서 말씀을 붙잡고 기도하면서 그분의 지혜를 구하는 게 우리가 할 수 있는 유일한 일입니다.

'콩 심은 데 콩나고 팥 심은 데 팥 난다'는 속담이 있습니다. 성경에도 동일한 말씀이 있습니다.

스스로 속이지 말라 하나님은 업신여김을 받지 아니하시나니 사람이 무엇으로 심든지 그대로 거두리라 갈 6:7

현재 내 삶 가운데 거두는 열매는 이미 내가 뿌린 것입니다. 좋은 씨앗을 뿌렸다면 좋은 열매를 맺을 것이고, 나쁜 씨앗을 뿌렸으면 나쁜 열매를 맺을 것입니다. 그것은 하나님께서 만드신 법칙입니다. 이 말씀은 무섭고 떨리는 말씀입니다. 내 입술의 고백으로 심는 씨앗이 자녀들에게 열매로 나타날 수 있기 때문입니다.

저는 초보 엄마로서 지혜도 없고 여러 가지 부족한 점이 많습니다. 그래서 더욱더 하나님을 의지할 수밖에 없습니다. 아이들을 대하면서 입술에 파수꾼을 세워달라고 하나님께 기도하기도 합니다. 제 입술의 말을 통해 아이들에게 나쁜 열매를 맺을까 걱정이 되기 때문입니다.

우리의 몸은 70퍼센트가 물로 구성되어 있고 '물은 답을 알고 있다'라는 실험 결과들을 보면 우리가 평소 말을 얼마나 조심해야 되는지 경각심을 심어줍니다. 물에게 말을 들려주고 글씨를 보여주고 음악을 들려주었을 때 물이 보여주는 신비하고 놀라운 결과가 이를 잘 뒷받침해줍니다. 그래서 저는 아이들에게 하루에도 수십 번씩 사랑과 축복의 말을 전합니다. 하나님의 사랑을 먹어야 아이의 영혼육이 강건해지기 때문입니다.

아이들의 영혼이 강건해야 범사가 잘되고 강건한 것입니다. 우리의 마음 가운데 부정적인 저주의 메시지가 심겨진다면 아이들의 마음은 다치고 상처 입을 것입니다. 그리고 그것을 통해 사단은 아이들의 영혼을 도둑질해갈 것입니다.

세 살부터 예배 훈련

32개월의 예린이와 20개월의 주원이 그리고 남편과 제가 탁자에 둘러앉아 예배를 드리기 시작했습니다. 신혼 초부터 꿈꾸었던 가정 예배였습니다. 아이들이 어릴 때는 예배를 드리고 싶어도 잘 안 되었는데, 어느새 무릎을 꿇고 두 손을 모아 기도할 수 있는 예배하는 아이들로 자랐습니다.

기도는 말하기 시작하면서부터 훈련해서 어느 정도 습관이 들었지만 예배드리는 것은 지루해서인지 안하려고 할 때가 많습니다. 그래서 예린이와 주원이에게 두꺼운 성경책을 하나씩 나누어줍니다. 그러면 얼마나 좋아하는지 성경을 한 장씩 한 장씩 계속 넘기는 재미로 예배 시간에 잘 앉아 있습니다. 남편은 예배를 인도할 때 아이들이 지루하지 않도록 간단하게 하려고 합니다. 그리고 아이들이 크면 예배 시간을 조금씩 늘리기로 했습니다.

예배를 시작할 때는 찬양을 함께 부르며 다 같이 박수를 치는데 그 시간을 아이들이 제일 좋아합니다. 아직 말을 잘 못하는 주원이도 열심히 따라 부르면서 신 나합니다. 찬양이 끝나면 남편을 따라 말씀암송을 시작합니다.

"아빠를 따라하세요. 영접하는 자."

"곧 그 이름을."

"부르는 자들에게는."

"하나님의 자녀가 되는."

"권세를 주셨으니."

"요한복음 1장 12절 말씀."

"아멘."

매일 드린 말씀암송 예배를 통해 20여 구절의 말씀을 암송한 아이들은 서로 한 절씩 번갈아 암송합니다. 그러고 나서 누나인 예린이가 대표기도를 하고 각자의 개인 헌금함에 헌금을 합니다. 헌금함에 돈이 가득차면 어려운 이웃을 섬기는 일에 쓰일 수 있도록 보내고 있습니다. 모든 예배를 마치고 나면 온 가족이 다함께 구호를 외칩니다.

"하나님, 사랑해요. 하나님, 고마워요, 할렐루야!"

저는 아이들을 예배하는 아이들로 키우고 싶습니다. 무엇보다 예배를 우선으로 드리기를 바라며 가정예배를 드립니다. 하루는 예린이에게 예배를 드리자고 하니까 스티커 공부를 하겠다고 떼를 썼습니다. 저는 예배를 드리고 나면 스티커 공부를 같이 해주겠다고 약속하고 간신히 달래 예배를 드렸습니다. 제가 아이들에게 물려주고 싶은 유산은 돈이 아닙니다. 물질은 하나님께서 아이들에게 필요한 만큼 공급해주실 것입니다. 제가 물려줄 수 있는 유일한 유산은 하나님을 예배하는 아이들로 키우는 것입니다.

예수님과 함께 사는 가정은 예수님과 함께 아이들을 키우는 가정입니다. 제가 성령님을 만나기 전에 아이들을 낳아서 키웠다면 아마 아이들을 무척 괴롭혔을 것입니다. 나름대로 아이들에게 세상적인 목표와 꿈을 정해놓고 그것을 향해 달려가도록 했을 것입니다. 아이들을 향한 하나님의 꿈이 아닌 제 꿈을 아이들에게 강요했을 수도 있습니다. 어쩌면 예수님의 이름을 이용하여 아이들에게 성공과 야망을 심어주었을 수도 있습니다.

지금도 제 안에서 그런 마음이 올라올 때마다 예수님의 이름으로 물리치고 있습니다. 아이들이 공부를 잘하면 행복하고 공부를 못해서 불행하다면 제 마음의 주인은 예수님이 아닌 것입니다. 저는 하루하루 하나님의 지혜로 아이들을 양육하고, 하나님께서 아이들에게 주신 재능이 무엇인지, 아이들을 통해 계획하신 것이 무엇인지에 귀 기울이고 있습니다. 아이들을 향한 하나님의 꿈에 집중하고 있는 것입니다.

제가 아이들에게 바라는 가장 큰 꿈은 기도와 말씀의 용사가 되는 것입니다. 세 살부터 말씀과 기도 안에 거하고 하나님을 예배하는 예배자로 자라기를 바라고 있습니다. 어릴 때부터 훈련된 기도와 예배로 평생 주님 앞에서 진정한 예배자로 서기를 간절히 소망하고 있습니다.

아직 어린 아가들이지만 예배가 얼마나 중요한지 가르치고 있습니다. 예배는 반드시 목욕 후에 드리고 있습니다. 아마 낮에 활동하던 옷을 그대로 입고 자는 사람은 없을 것입니다. 목욕까지는 아니어도 매일 세수와 양치질을 하고 자는 것은 아기 때부터 하는 훈련입니다.

매일 몸을 깨끗이 씻듯이 우리의 영혼도 깨끗이 씻고, 말씀을 먹고 기도하는 훈련을 하고 있습니다. 씻지 않고 자는 것은 매우 찜찜합니다. 예배를 드리지 않고 자면 영혼이 얼마나 찜찜한지를 가르치는 훈련입니다. 양치질을 하지 않으면 이가 썩어 들어가듯 예배와 기도 없이 잠든다면 우리의 영혼이 죽어갈 수 있다는 것을 아이들에게 가르칩니다. 그래서 매일 씻고 나서 예배를 드립니다.

20개월의 주원이가 어리기 때문에 예배에 적응을 잘 못할 줄 알았는데, 의외로 32개월의 예린이가 더 힘들어하는 것을 보면서 더 일찍부터 훈련하지 못한 것을 후회했습니다. 주원이는 씻고 나서 예배드리자고 하면 바로 탁자 옆에 무릎을 꿇고 기다리고 있습니다.

그러나 재미있는 놀이를 더 많이 경험한 예린이는 뺄질거릴 때가 더 많습니다. 또 가끔 컨디션이 좋지 않을 때는 예배를 드리지 않겠다고 강하게 저항합니다. 선불리 야단을 치면 예배에 대한 부정적인 마음이 들 것 같아 저는 아무 말 하지 않고 탁자 앞에 무릎을 꿇고 기도를 시작합니다. 그러면 한참 지나 예린이는 언제 그랬냐는 듯이 탁자 옆으로 와 예배를 같이 드리고 있습니다.

앞으로 더 재미있는 놀이를 발견하게 되면 아이들은 예배보다 놀이를 선택할 수도 있습니다. 그러나 단호하게 예배가 우선돼야 하는 것을 가르칠 것입니다. 공부를 가르치는 일에는 모든 시간과 물질을 투자하면서 아이들의 영혼을 살리는 일에 얼마의 시간을 드리고 있는지 점검해보아야 합니다. 정말 중요한 것은 아이들 영혼의 구원의 문제입니다. 아이들의 영혼을 공부라는 이름으로 도둑질하고 있지는 않은지 하나님 앞에서 늘 깨어서 기도해야 합니다.

사랑으로 드리는
삶의 예배

기쁨으로 변한 고난

제가 지금 만들어가고 있는 가정은 우연히 된 것이 아닙니다. 저를 향한 하나님의 큰 계획 안에서 만들어진 것입니다. 이렇게 되기까지 정말 많은 눈물과 상상할 수 없는 고난이 있었습니다. 숨쉬는 것도 한 걸음씩 걷기조차 힘겨운 나날이었습니다.

'하나님, 왜 저여야만 하나요?'

하나님께서는 감당할 수 없는 시험을 주지 않는다고 하셨는데 저는 감당할 수가 없었습니다. 18개월의 아기에게 그 사고는 잔인했습니다. 그리고 그때의 흉터는 지금도 제 얼굴에 있습니다.

지금 당신의 삶 가운데 고난이 있나요? '왜 나만 이렇게 불행해야 하느냐'고 하나님께 질문하고 있을 수도 있습니다. 하나님으로부터 버림받은 것 같고 나만 불행하다고 생각할 수도 있습니다. 어쩌면 그 고통이 저처럼 해결될 수 없는 것일 수도 있습니다.

그러나 확실한 사실은 그 고통 가운데 하나님께서 함께하고 계시다는 것입니다. 고난을 통해 하나님을 만날 수도 있습니다. 그렇다면 고난은 '축복'이라는 다른 이름으로 내게 온 것입니다. 이 땅에서 평생 고난의 삶을 살다가 천국에 가는 것이 평생 축복의 삶을 살다가 지옥에 가는 것보다 낫습니다. 내 삶의 고난의 깊이만큼 십자가의 사랑을 깊이 체험할 수 있을 것입니다.

예수님께서는 복 있는 사람을 예쁘고 잘 생기고 부유한 사람이라고 말씀하시지 않습니다. 예수님께서 보시는 복 있는 사람은 심령이 가난하고 애통한 사람입니다.

심령이 가난한 자는 복이 있나니 천국이 그들의 것임이요 애통하는 자는 복이 있나니 그들이 위로를 받을 것임이요 마 5:3,4

깊은 고난 가운데 십자가를 지신 예수님을 만나는 것은 축복입니다. 영의 눈을 열어서 내 옆에서 함께 걷고 계신 예수님을 바라보세요. 걷기조차 힘든 고통 가운데 있다면 나를 업고 계신 예수님을 바라보세요. 내가 흘리는 눈물보다 더 많은 눈물을 흘리고 계신 예수님의 모습이 보이기 시작할 것입니다.

고난 중에 예수님과 동행할 때 예수님은 그 고난을 아름다운 모습으로 바꾸어주실 겁니다. 아름답고 복되다는 것은 세상의 기준과 같을 수도 있고, 반대일 수도 있습니다. 가장 중요한 것은 내 안에 성령께서 함께 호흡하고 계신가 하는 것입니다. 성령께서 나와 함께 숨쉬고 계시다면 이런 고백을 할 수 있을 것입니다.

비록 무화과나무가 무성하지 못하며 포도나무에 열매가 없으며 감람나무에 소출이 없으며 밭에 먹을 것이 없으며 우리에 양이 없으며 외양간에 소가 없을지라도 나는 여호와로 말미암아 즐거워하며 나의 구원의 하나님으로 말미암아 기뻐하리로다 합 3:17,18

예수님께서는 '무엇을 먹을까 입을까 염려하지 말라'라고 하셨습니다. 우리를 먹이시고 입히시는 분은 하나님이십니다. 그분의 방법을 우리는 제한할 수 없습니다. 무한한 그분의 능력과 방법으로 공급하시고 채워주실 것입니다.

저는 고난 중에 있는 분들에게 '기뻐하라'라고 말할 수는 없습니다. 그 고난이 얼마나 고통스러운 것인지 알기 때문입니다. 단지 고난 중에 하나님께 더 가까이 나아가라고 말씀드리고 싶습니다. 그것만이 우리가 승리할 수 있는 유일한 방법입니다.

그렇다면 감나무에서 감이 떨어질 때까지 나무 밑에 누워서 기다리면 하나님께서 찾아와주실까요? 그렇지 않습니다. 하나님께서는 '먼저 가까이 나아오라'라고 말씀하셨습니다. 그리고 우리 안에 들어오시기 위해 문을 열어달라고 하셨습니다. 내가 먼저 문을 열지 않으면 강제로 문을 열고 들어오시지 않습니다. 사탄은 우리를 죽이고 멸망시키기 위해 도둑처럼 들어오지만 그분의 성품은 그렇지 않습니다.

볼지어다 내가 문 밖에 서서 두드리노니 누구든지 내 음성을 듣고 문을 열면 내가 그에게로 들어가 그와 더불어 먹고 그는 나와 더불어 먹으리라 계 3:20

먼저 마음의 문을 열고 예수님을 영접하고 그분의 이름을 불러보세요. 이것이 우리가 먼저 해야 할 일입니다.

"예수님… 예수님… 예수님…."

영접하는 자 곧 그 이름을 믿는 자들에게는 하나님의 자녀가 되는 권세를 주셨으니 이는 혈통으로나 육정으로나 사람의 뜻으로 나지 아니하고 오직 하나님께로부터 난 자들이니라 요 1:12,13

예수님의 이름을 믿는 사람들은 이제 하나님의 자녀입니다. 그분의 자녀라면 그분께서 성령님을 통해서 삶을 이끌어가실 것입니다. 그것은 마치 내 몸을 물결에 맡기는 것과 같습니다. 내가 애쓰거나 노력하지 않아도 물결을 따라가는 삶, 어두운 세상 가운데 빛이 될 것입니다.

축복의 상처

　　십자가의 고통은 제게 매우 실재적이었습니다. 그 깊은 사랑을 다 알 수 없었을 때는 '예수님의 고통은 하루 만에 끝났지만 나는 이 고통을 평생 짊어져야 한다'라고 생각했습니다. 제가 더 아프고 힘들다고 생각하며 얼마나 많은 시간을 불평했는지 말로 다할 수 없습니다. 그러나 성령님을 만나고 나서야 제 생각이 매우 어리석었던 것을 깨닫게 되었습니다. 왜냐하면 그 시간 동안 예수님께서 저를 대신하여 이미 이천 년 전에 모든 고통과 질고를 당하셨음을 알게 되었기 때문입니다.

　　더 많은 죄를 지은 죄인에게 예수님의 사랑이 더 크게 다가오는 것처럼 지금은 조금이나마 십자가의 고통에 동참하게 된 것에 감사하게 되었습니다. 어차피 이 세상에서의 삶은 잠깐 머무는 나그네의 인생이고, 저를 위해 예비된 영원한 나라, 눈물과 고통과 슬픔이 더 이상 없는 그 나라가 있기 때문에 이 땅에서 화상 입은 얼굴로 사는 것이 더 이상 제게 고통과 슬픔이 아닙니다.

이제는 오히려 영광의 상처가 되었습니다. 하나님을 더 깊이 만날 수 있는 축복의 통로가 되었기 때문입니다. 이 아픔을 통해 고통 중에 있는 많은 사람들에게 그리스도의 사랑을 전할 수 있고, 그분께서 쓰시는 축복의 통로가 되었음이 감사할 뿐입니다. 이것은 제가 그리스도와 함께 십자가에 못 박혔다는 고백입니다. 제 호흡과 함께 자주 부르는 이름인 '예수님', 이 이름의 권세와 능력을 주신 그분의 십자가 사랑은 오늘도 제 안에서 흐르고 제 심장을 뜨겁게 합니다.

그 사랑의 전달자로 부르시고, 예수 그리스도의 증인되게 하심에 감사합니다. 저는 달려갈 길을 마치고, 이 삶의 여정이 끝나면 예수님의 품에 안기게 될 것입니다. 그래서 오직 살아도 주를 위해 살고 죽어도 주를 위해 사는 축복된 삶을 살고자 합니다. 이 십자가의 길은 가고자 한다고 아무나 갈 수 있는 길이 아닙니다. 그래서 그 길로 저를 초청하시고 동행해주시는 사랑과 은혜는 그 어떤 것으로도 보답할 수 없을 것입니다.

단지 예수님의 마음으로 함께 울고, 웃고, 걷고, 제게 생명을 원하신다면 기꺼이 드릴 수 있는 마음으로 함께 동행하는 것이 십자가의 길일 것입니다. 예수님이 잃어버린 영혼들을 위해 눈물을 흘리시면 같이 울어드리고, 그들을 도로 찾으셔서 기뻐하시면 같이 기뻐하고, 저와 함께 가자고 하시면 같이 걸어가면 됩니다.

2008년에 예수님께서 제 손을 꼭 잡으시고 함께 동행하는 모습을 기도 중에 보여주시면서 말씀하셨습니다.

'효진아, 이 손을 놓지 말거라. 이 손을 놓으면 너도 아프고 나도 아프단다.'

때로는 우리의 삶 가운데 힘들고 지쳐 쓰러질 때도 있고, 더 이상 걸어갈 힘조차 없을 때도 있습니다. 혼자라고 느껴지는 순간이 있을 수도 있습니다. 그러나 외롭고 무섭고 두렵고 슬픈 그 시간 가운데 모든 사람들이 나를 버리고 손가락질을 할지라도 그곳에 단 한 분, 예수님께서 함께 계십니다.

그리고 우리에게 손을 내밀어주십니다. 우리의 힘으로 걷기 힘들어한다면 업고 걸어가주실 겁니다. 이미 예수님께서는 우리의 모든 질병과 슬픔과 눈물을 이천 년 전에 십자가에서 다 이루셨습니다. 이 시간에 예수님의 십자가 사랑으로 당신을 초대합니다. 그 십자가에서 예수님을 만나시길 간절히 기도드립니다.

얼마 전에 저는 한 심리검사 전문연구기관에서 실시하는 성격 검사를 받은 적이 있었습니다. 검사 항목 중에는 '자살 시도를 한 적이 있느냐'는 질문이나 '우울함을 느낄 때가 있습니까' 등 현재 정신이나 마음의 상태를 점검하는 질문들이 많았습니다. 질문에 답을 하면서 '예전에 했던 자살 시도나 우울증 때문에 성격이 이상하게 나오겠구나'라고 생각했습니다.

마침 의사이신 형님을 통해 검사를 받았는데 형님이 결과를 보고 깜짝 놀라셨다고 합니다. 본인이 검사한 사람이 900여 명 정도 되는데 그 중에서 제가 상위권 점수인 92점이 나왔다는 것입니다. 형님은 "올케, 정말 성격이 좋네요"라며 칭찬했지만 저는 이것이 제 성격이 아님을 잘 알고 있습니다.

만약 자살을 시도하려고 했던 시점에서 검사했다면 저는 우울증 환자로 나왔을 것이고, 약을 먹고 치료를 받아야 했을지도 모릅니다. 아마 내적 치유까지도 필요했을 것입니다. 그러나 성령 안에서 모든 쓴 뿌리와 상처가 치유되고 나니 예수 그리스도의 성품이 저를 통해 나타난 것이라고 생각합니다.

저는 이것이 제 기쁨만으로 끝나지 않기를 간절히 소망합니다. 이 땅에 많은 크리스천들이 있지만 안타깝게도 진짜로 예수님을 만나신 분들은 그리 많지 않은 것 같습니다. 제가 만난 예수님, 그분의 이름을 부르는 것만으로도 떨리고 가슴 벅찬 분, 생명이 되신 예수님과 함께라면 현재의 상황이 아무리 절망적이고 슬프고 희망이 없을지라도 문제가 되지 않을 것입니다. 예수님과 동행하는 것만으로도 기쁘고 감사하고 행복할 것입니다. 하나님나라는 먹고 마시는 게 아니고, 오직 의와 평강과 희락이라고 말씀하셨습니다. 그것은 진리입니다.

수고하고 무거운 짐들을 내가 짊어지고 있다면 그것은 예수님을 십자가에 두 번 못 박는 것과 같습니다. 이미 모든 값을 지불하시고 우리를 자유케 하셨기 때문입니다. '진리를 알지니 진리가 너희를 자유케 하리라'라고 말씀하셨고, 진리는 바로 예수 그리스도를 알아가는 것입니다.

은혜의 강을 지나는 인생

하나님의 은혜를 누리는 삶은 대부분의 크리스천들이 꿈꾸는 삶일 것입니다. 그렇다고 그것이 꼭 부유하고 풍요로운 삶을 의미하지는 않습니다. 내가 어디에 있든지 하나님 안에 거한다면 그곳이 천국이고 은혜의 삶입니다. 천국처럼 보이는 부유한 환경일지라도 하나님께서 함께하시지 않는다면 그곳은 지옥일 것입니다.

모든 눈물과 고통의 강을 지나 은혜의 강을 지나고 있는 지금 저는 기적이 일상이 되는 삶을 살고 있습니다. 그것은 제가 축복과 은혜를 좇지 않아도 그것들이 저를 따라오는 것 같은 느낌입니다.

제 화장품 가방이 낡아서 새로 사야 했습니다. 그런데 주중에는 일하고 주말에는 아이들과 지내다보니 가방 사는 것을 계속 잊었습니다. 그렇게 몇 주가 지나니 낡아서 꺼내기도 창피할 정도까지 됐습니다. 그때 얼마 전에 알게 된 분이 외국에 사업차 다녀오시면서 제 생각이 나서 화장품을 사 오셨다고 했습니다.

"소장님, 다른 사람들 주지 말고 꼭 혼자 써요."

"네, 사장님. 잘 쓰겠습니다. 감사합니다."

그 분의 음성이 마치 하나님의 음성으로 들렸습니다. 그동안 비싼 화장품을 사는 게 아까워 고가의 고급 브랜드의 화장품을 사본 적이 없었습니다. 그런 제게 하나님께서는 가장 좋은 것으로 주고 싶어하신다는 마음이 들었습니다.

그런데 선물을 받았을 때 저는 깜짝 놀랐습니다. 그 분이 화장품만 보낸 게 아니라 화장품 가방도 함께 보냈던 것이었습니다. 더군다나 고급 브랜드의 화장품이 두 개나 들어 있었습니다. 필요했던 화장품 가방과 에센스는 저를 무척 감동시켰습니다. 에센스는 마침 필요했던 거라 제가 쓰고, 스킨은 어머님께 선물로 드렸습니다.

한번은 추석 선물로 어머님께 설화수 화장품 세트를 선물하려고 남편에게 부탁한 적이 있었습니다. 남편은 좋은 제품을 저렴하게 구입하는 놀라운 재주가 있어 저희 집에서는 구매 담당으로 통합니다. 그런데 배송된 제품에 흠집이 심하게 나 있었습니다. 제품에 '방문판매용'이라 적힌 부분을 긁어낸 흔적이 있어 어머님께 선물로 드리기가 민망했습니다.

제가 먼저 발견했더라면 다시 사서 바꿔 드렸겠지만, 택배로 도착하여 어머님이 먼저 보신 상태였습니다. 저는 마음이 불편했습니다.

'기왕 선물을 드리는 건데 예쁜 포장에 좋은 제품으로 드려야 하는데….'

백화점에 가서 설화수 세트를 다시 사서 어머님께 드리고, 그것을 제가 써야겠다고 생각했습니다. 그런데 어머님이 한사코 그냥 쓰신다고 하셔서 내내 아쉬운 마음을 갖고 있었습니다. 그러고는 다이어리의 필요 물품란에 '설화수 세트'를 메모하면서 '하나님께서 설화수를 보내주시면 좋겠다'라고 생각했습니다. 며칠 후에 남편에게서 카카오톡이 왔습니다.

'졸업을 축하한다고 담임목사님께서 10만원을 주셨네.'

'감사하네요. 필겸씨가 필요한 것을 사세요.'

'효진씨는 뭐 필요한 거 없어요?'

'하하, 그럼 하나님께 여쭤볼래요? 안 그래도 제가 하나님께 며칠 전에 부탁드린 게 있거든요.'

거의 10분 동안 답장이 없기에 제가 무리한 요청을 했나 싶어 가르쳐줘야겠다고 생각하고 있는데 그때 답장이 왔습니다.

'혹시 설화수예요?'

'하나님께서 알려주셨어요, 아님 추측이에요?'

'왠지 모를 감동이 들었어요. 설화수가 맞아요?'

'맞아요!'

결국 그 돈으로 백화점에서 설화수 세트를 사서 어머님께 드렸던 화장품과 바꿔드렸습니다. 제게는 참 감동적인 사건이었습니다. 이렇게 응답을 받으니 하나님 아빠와 남편에게 동시에 사랑받고 있다는 게 고스란히 느껴져 정말 행복했습니다.

'세상에 나처럼 행복한 사람이 또 있을까! 하나님, 정말 감사합니다.'

제 작은 신음과 작은 소망도 보시고 응답하시는 하나님은 정말 살아 계시고 신실하신 분이십니다. 그런 하나님이 당신의 하나님이 되시길 간절히 소망합니다.

100퍼센트의 사랑

결혼생활을 하면 할수록 하나님의 사랑이 더 진하게 느껴질 때가 많습니다. 남편과의 친밀함이 깊어질수록 하나님께서 원하시는 친밀함과 사랑이 무엇인지 더 깊이 깨닫게 되는 것 같습니다. 가끔 남편에게 저를 얼만큼 사랑하느냐고 물어볼 때가 있습니다. 그러면 "하늘만큼 땅만큼 사랑해요"라고 주로 답하는데, 어느 날은 "효진 씨뿐이야"라고 했습니다. 남편에게 물었던 것처럼 하나님께 저를 얼마큼 사랑하시느냐고 여쭤본 적이 있습니다. 그때 하나님께서 주신 대답은 이것입니다.

'내 생명보다 더 사랑한다.'

하나님께서 우리에게 원하시는 것은 생명 다해 그분을 사랑하는 것입니다. 그것이 우리에게 주신 첫 번째 계명입니다. 그 다음이 '이웃 사랑'입니다. 그 이웃에는 남편과 자녀도 포함되어 있습니다. 저는 하나님보다 눈에 보이는 남편과 자녀들을 더 사랑하게 될까 봐 두려웠던 적이 있었습니다. 항상 주의하며 하나님을 먼저 생명 다해 사랑하게 해달라고 기도합니다.

하나님께서 우리에게 원하시는 것은 마음과 목숨과 뜻과 힘을 다해 그분을 사랑하는 것입니다. 생명을 다해 사랑하기를 원하시고 질투하시는 하나님이십니다. 저는 이제야 그 마음을 깊이 이해하게 되었습니다.

만약 남편이 제게 "효진씨뿐이야"라고 고백하면서 밖에 나가서 다른 여자들을 만나 바람을 핀다면 저는 깊이 상처를 받게 될 것입니다. 다른 자매에게 눈길만 줘도 큰 상처를 입게 될 것입니다. 하나님도 우리와 동일한 인격을 지니신 분이십니다. 하나님의 사랑이 우리의 사랑보다 더 크기 때문에 우리보다 더 질투하시는 하나님이십니다.

네 하나님 여호와는 소멸하는 불이시요 질투하시는 하나님이시니라
신 4:24

우리가 월요일부터 토요일까지 세상을 사랑하고 세상의 즐거움에 빠져 있다가 주일 예배에서 "하나님, 사랑해요"라고 고백한다면 하나님은 그 고백을 기뻐하지 않으실 것입니다. 우리의 온 마음을 다해 하나님을 찬양하고 예배하길 원하시는 하나님은 주일 하루가 아닌 24시간 온전히 예배하길 원하십니다.

저는 남편과의 사랑을 통해 그분의 마음을 깨달았습니다. 남편의 사랑을 다른 여자와 공유할 수 없습니다. 단 1퍼센트도 다른 여자에게 줄 수 없습니다. 365일 중에서 364일은 나만 사랑하고 하루는 다른 여자와 만나 데이트를 하겠다고 말하는 남편은 없을 것입니다. 하나님은 우리에게서 100퍼센트의 사랑을 원하십니다. 그렇기 때문에 마음과 목숨과 뜻과 힘을 다하여 하나님을 사랑하라고 하신 것입니다.

네 마음을 다하고 목숨을 다하고 뜻을 다하고 힘을 다하여 주 너의 하나님을 사랑하라 막 12:30

하나님의 불타는 사랑

내 누이, 내 신부야 네가 내 마음을 빼앗았구나 네 눈으로 한 번 보는 것과 네 목의 구슬 한 꿰미로 내 마음을 빼앗았구나 아 4:9

너는 나를 도장같이 마음에 품고 도장같이 팔에 두라 사랑은 죽음같이 강하고 질투는 스올같이 잔인하며 불길같이 일어나니 그 기세가 여호와의 불과 같으니라 아 8:6

하나님의 놀라운 사랑은 제 두 눈에 뜨거운 눈물을 흐르게 합니다. 측량할 수도 예측할 수도 없는 그 사랑만 생각해도 제 심장은 뜨거워집니다. 하나님의 사랑, 질투하기까지 사랑하시는 사랑, 그분의 사랑에 중독되어 죽기까지 사랑하고 싶습니다. 그 사랑에 감동하여 제 심장이 불타더라도 저는 하나님을 사랑하고 싶습니다. 아빠 아버지의 크신 사랑이 제 깊은 절망과 고독 속으로, 나락으로 떨어지는 듯한 슬픔 안으로 뚫고 들어왔습니다.

저는 평생 하나님을 향한 사랑의 열병에 걸리고 싶습니다. 그 열병으로 생명을 잃을지라도 사랑하고 싶습니다. 그리고 육신의 장막을 벗는 날, 저는 아버지의 품에 안길 것입니다. 태초부터 저를 기다려오신 아빠 아버지, 늘 함께하시지만 날마다 아빠가 그립고 보고 싶습니다. 영원에서 영원에 이르기까지 사랑하고 또 사랑합니다.

우리가 하나님의 사랑을 단 한 번이라도 체험했다면 모든 것을 바쳐 그 사랑을 지켜내며 무엇과도 바꾸려고 하지 않을 것입니다. 그것을 체험했다면 그 갈망으로 날마다 목마를 것입니다. 그분의 사랑과 세상의 부귀영화와도 바꾸지 못할 것입니다. 사탄이 와서 온 세상을 준다고 속삭여도 멸시를 받을 것입니다.

> 많은 물도 이 사랑을 끄지 못하겠고 홍수라도 삼키지 못하나니 사람이 그의 온 가산을 다 주고 사랑과 바꾸려 할지라도 오히려 멸시를 받으리라 아 8:7

제가 정말 하나님을 사랑한다면 하나님은 사랑하시는 영혼에게로 향하게 될 것입니다. 시키지 않아도 이웃 사랑을 실천하게 될 것입니다. 그것이 하나님의 진정한 사랑이기 때문입니다.

'내 안에 사랑이 없어 섬길 수 없다'라고 생각한다면 그것은 사랑이 없어서가 아니고 하나님을 사랑하지 않기 때문입니다. 하나님의 본질은 사랑이기 때문에 그분 안에 있다면 우리는 원수라도 사랑할 수 있을 것입니다.

저는 유난히도 용서하기 힘든 사람들이 많았습니다. 저를 실험 대상으로 이용했던 의사, 엄마를 죽음으로 몰고 갔던 사람 그리고 제게 손가락질했던 수많은 사람들…. 지금은 한 사람도 빼놓지 않고 다 용서했습니다. 그리고 그들을 축복하며 기도해주었습니다. 하나님을 정말 사랑한다면 정말 미운 원수라도 용서할 수 있을 것입니다.

절대 용서할 수 없는 남편과 아내의 죄도 용서할 수 있을 것입니다. 내 모든 죄를 용서하신 예수님의 사랑을 내 심장으로 깨달았다면 용서하고 싶어질 것입니다. 사랑하고 싶고, 안아주고 싶어질 것입니다.

> 너희가 사람의 잘못을 용서하면 너희 하늘 아버지께서도 너희 잘못을 용서하시려니와 너희가 사람의 잘못을 용서하지 아니하면 너희 아버지께서도 너희 잘못을 용서하지 아니하시리라 마 6:14,15

우리에게 가장 큰 문제는 하나님의 사랑 안에 있지 않다는 것입니다. 그분의 사랑 안에만 거한다면 태산 같은 문제들도 티끌과 같이 여겨질 것입니다. 자신의 문제를 가지고 하나님께 나아가지 말고 먼저 하나님의 사랑을 구하십시오. 하나님 한 분만을 먼저 구하시길 바랍니다. 그분의 사랑을 구하시길 바랍니다. 하나님께 가까이 나아갈 때 반드시 그분께서 내게 가까이 다가오실 것입니다.

하나님의 불같은 사랑을 경험하고 저는 어디든 달려가겠다는 마음이 일었습니다. 하나님께서 말씀하시면 모든 것을 내려놓고 어디든지 가리라는 고백이 나왔습니다. 그러나 하나님께서는 불타는 제 마음 가운데 마치 찬물을 끼얹는 것 같은 말씀을 하셨습니다.

'부지런하며 성실하게 주어진 일에 최선을 다하거라. 오늘 주어진 시간도 내 것이다. 내 시간을 아껴서 잘 쓰거라.'

당시 은혜에 푹 빠져서 틈만 나면 집회와 교회를 오가고, 설교 말씀을 듣고, 성경을 보고 기도하는 게 제 삶이었습니다. 얼핏 보면 신앙생활을 매우 잘하는 것 같았지만 하나님께서는 오히려 책망의 말씀을 주셨습니다. 그런데 그 말씀이 의외여서 하나님의 음성을 잘못 들은 건 아닐까라는 생각이 들기도 했습니다. 그 무렵 새언니에게서 전화가 왔습니다.

"아가씨, 하나님께서 열심히 일하라고 전해달래요."

저는 깜짝 놀랐습니다. 하나님께서 주신 시간 안에서 일을 게을리 하는 것도 책망 받을 일이라는 것을 알게 되었습니다. 또 다른 책망의 말씀도 하셨습니다.

'네 사업장은 네가 기도하여 구하지 않았느냐? 네 일을 게을리 하니 내가 기쁘지 않구나! 개미에게 가서 배우거라.'

게으른 자여 개미에게 가서 그가 하는 것을 보고 지혜를 얻으라 잠 6:6

평생 열심히 공부하고 일해온 제게 게으르다고 책망하시는 하나님께 약간은 서운했습니다.

'하나님의 일을 열심히 하려고 회사 일을 좀 줄인 건데…'

호되게 책망하시는 게 이해가 가질 않았습니다. 그때는 하나님나라의 확장에 심장이 불타오르는 것만 같았습니다. 하나님께서 부르시면 어디든 달려가겠노라고 굳게 다짐했고, 당시의 심정으로는 오지의 선교사로 가라고 해도 갈 수 있을 것 같았습니다. 그런데 하나님은 제게 열심히 일만 하라고 하셨습니다.

깊은 은혜에 빠지면 자칫 삶의 모든 것을 내팽개치고 계속 그곳에 머물고 싶은 마음이 들기 쉽습니다. 그런데 하나님은 그런 제게 경고하셨습니다. 불타는 열정을 하나님의 마음으로 오해하여 가정과 일을 뒤로하고 사역에만 빠져드는 것은 그분의 뜻이 아닐 수도 있음을 깨닫게 하신 중요한 말씀이었습니다.

제 부르심은 주어진 일에 최선을 다하고, 아름다운 가정을 가꾸면서 현재의 위치에서 하나님나라를 확장해가는 것이었습니다. 삶을 통해 하나님을 증거하고 하나님나라의 모델이 되도록 있는 자리에서 최선을 다해 일하는 것입니다. 또한 남편을 돕고 자녀들을 하나님의 지혜로 양육하는 게 하나님께서 제게 바라시는 일입니다.

그러면서 삶을 통해 나타난 열매들을 사람들에게 증언하게 하시는 것입니다.

권능을 받아 어디든지 가야 한다고 생각했지만, 정작 제가 가야 할 예루살렘과 유대와 사마리아는 지금 제가 있는 곳이었습니다. 지금에 와서야 저는 하나님의 깊은 뜻을 이해하게 되었습니다. 삶을 통해 하나님의 증인이 되게 하신 그 은혜에 감사할 뿐입니다.

삶으로 예배하라

첫 아이를 임신한 지 4개월쯤 되었을 때, 순복음도봉교회의 청년 수련회에 간증 집회를 다녀온 적이 있었습니다. 그전에 간증 집회를 한 적이 있었는데 청년들이 정말 좋았다며 다시 초청해서 가게 된 것입니다. 당시 입덧이 워낙 심해서 하루에 네다섯 번씩 구토를 하곤 했습니다. 운전도 직접 할 수 없는 상황이라 남편이 운전해서 함께 갔습니다.

간증 집회 때마다 느끼는 것은 제가 전하는 게 아니고 성령께서 제 입술에 할 말을 주시는 느낌입니다. 수십 번 했던 간증이지만 제 입술에서 선포되는 말씀은 매 집회마다 다릅니다. 집회 전에 떨리는 마음으로 기도할 때마다 성령님의 한결같은 음성을 듣습니다.

'사랑하는 딸아, 마음을 강하고 담대히 하라. 내가 너와 함께할 것이고 네 입에 할 말을 심어줄 것이다. 너와 나는 하나이고, 내 마음을 네게 부어주리니 내 마음으로 선포하라.'

처음에는 제 삶의 간증 가운데 어떤 부분을 전할까 고민도 하고 열심히 적으며 준비했습니다. 그런데 준비한 대로 전해지지 않는다는 것을 알게 되었습니다. 계획한 것과 다른 이야기를 전하게 되는 것을 보면서 제가 하는 게 아님을 여러 번 느끼게 되었습니다.

'성령님이 말씀해주세요. 저는 못해요.'

두 번째로 만난 청년들에게 주시는 하나님의 마음을 받기 위해 강사 대기실에 앉아 조용히 기도하고 있었습니다. 그때 하나님께서 제 마음에 강하게 주시는 말씀이 있었습니다.

'삶으로 예배하라! 삶으로 예배하라! 삶으로 예배하라!'

하나님께서 세 번 말씀하실 때는 매우 강조하시는 것인데 반드시 선포해야겠다는 마음으로 강단에 섰습니다. 간증이 끝나고 기도 인도를 하면서 하나님께서 주시는 마음을 선포했습니다.

"하나님께서는 여러분이 삶으로 예배하기를 원하십니다. 월요일부터 토요일까지는 거룩하지 못한 삶을 살다가 주일에 형식적으로 와서 드리는 예배를 하나님께서는 기뻐하지 않으십니다. 삶으로 예배하십시오."

제가 기도 인도까지 마치고 내려오자, 청년부 담당 목사님께서 강단에 올라가셨습니다. 목사님은 제 간증을 듣는 내내 온몸에 전

율을 느낄 정도로 놀랐다고 하셨습니다. 그날 하나님께서 제게 주신 메시지의 첫 번째는 '하나님을 생명을 다해 사랑하라'였고, 두 번째는 '성령님과 동행하라'였고, 세 번째는 '삶으로 예배하라'였습니다. 그런데 이 메시지들이 지난 한 달간 목사님께서 청년들에게 전한 내용과 동일했고, 그것을 위해 기도하고 있었다고 하셨습니다.

제가 한 것이 아닌 오직 하나님께서 하셨음이 더욱 확증되는 시간이었습니다. 간증을 마치고 집으로 돌아올 때면 제가 받는 은혜가 더 커서 감사의 눈물을 흘리는 경우가 참 많습니다.

'하나님께서는 은혜를 전하기에 앞서 내게 먼저 은혜를 부으시는구나!'

저는 사람들이 한 번의 집회로 은혜를 받고 눈물을 흘리고, 다시 삶의 자리로 돌아가서는 예전과 동일하게 살아가는 게 가장 안타깝습니다. 하지만 단 한 사람이라도 저와 동일한 은혜를 체험하고 그것을 누리는 삶을 살기를 간절히 바라는 마음으로 저를 부르시는 곳이면 어디든지 달려갑니다.

'삶으로 예배하라', 이것은 제게도 동일하게 주시는 하나님의 메시지입니다. 제 삶을 통해 예배받기를 원하시는 하나님, 저는 어떻게 해야 더 하나님을 예배할 수 있을까, 그분께 영광을 돌릴 수 있을까를 늘 고민하며 기도합니다.

하나님과 24시간을 동행하며, 그분 앞에서 살아가는 코람데오의 삶, 예수 그리스도와 함께 호흡하며, 내 자아를 날마다 십자가에 못 박고 그분을 닮아가려고 노력할 때 우리는 삶으로 온전히 하나님을 예배할 수 있습니다.

> 아버지께 참으로 예배하는 자들은 신령과 진정으로 예배할 때가 오나니 곧 이때라 아버지께서는 이렇게 자기에게 예배하는 자들을 찾으시느니라 요 4:23

든든한 회장님

제가 삶으로 예배드리는 곳, 예수님께서 경영하시는 예인건축연구소는 회장님이 따로 계십니다. 바로 하나님이십니다. 회사에서 중요한 사안을 결정할 때는 하나님께 가장 먼저 여쭤봅니다. 회사의 최종 결정권자가 제가 아니기 때문입니다. 회사의 방향과 성장에 대한 모든 결정은 하나님께서 하십니다. 그리고 예수님은 CEO, 성령님은 영업이사님으로 모셨습니다. 저희 회사는 건설사의 아파트 설계를 주 업무로 하고 있습니다. 최근에 부동산이나 건설 경기가 안 좋아지면서 부도나는 건설사와 인테리어 회사들이 늘어나고 있습니다. 저희 회사도 불경기의 영향은 받지만 예수님이 경영하시기에 곧 다시 회복되곤 합니다.

예수님이 경영하실 때의 장점은 경기의 영향을 받지 않는다는 것입니다. 설사 회사가 어려워지더라도 걱정할 게 없습니다. 아마 CEO이신 예수님께서 대신 걱정해주실 것입니다. 저는 그저 그분만 바라보고 있으면 됩니다.

업종의 성격에 따라 영업이 제일 중요한 분야도 있을 것입니다. 제가 회사를 창업하면서 가장 자신 없었던 분야가 영업이었습니다. 하나님께서 '미스 헤븐'이라는 별명까지 주시면서 자신감을 회복시켜주셨지만 제가 하는 것보다는 성령께서 맡아주시면 가장 좋을 것 같다는 생각이 들었습니다. 그래서 성령님을 영업이사님으로 모셨습니다.

성령께서 영업하시는 방법은 제가 생각하는 것과 참 많이 다릅니다. 대기업과 직접 연결되기 어려운 상황에도 성령님은 다른 업체나 사람을 통해 연결해주시는데, 그 방법이 늘 저를 놀라게 합니다.

최근에 실내건축 CM(건설사업 관리사)회사에서 저희 회사에 대기업 건설사 아파트의 인테리어 설계 부분에 대한 외주를 주었습니다. 이 건설사는 인테리어 설계 업체 선정을 매우 신중하게 하기로 유명했습니다. 아직은 소규모인 저희 회사가 이 건설사와 함께 일할 수 있는 확률은 매우 적었습니다. 그런데 그쪽에서 저희 회사를 매우 좋게 평가해준 덕분에 2014년 협력 업체를 선정하는 프레젠테이션에 참석할 수 있는 기회를 얻었습니다.

다른 건설사와 달리 디자인 능력 70점에 2013년의 설계 실적과 설계 인원과 관련한 점수 30점을 합하여 평가했습니다. 제게 하나님께서 특별히 디자인에 관해서는 영감을 주시기 때문에 디자인 점수는 자신이 있었습니다. 그런데 실적과 설계 인원에서는 다른 회사와 비교했을 때 상대적으로 적어서 떨어질 수도 있겠다는 생각이 들었습니다.

회사 인원이 많아지면 관리도 어렵고, 일도 더 많이 해야 하기 때문에 저는 정직원을 늘 10명 이내로 고집하고 있습니다. 일이 많을 때는 아르바이트를 고용해서 일하고, 적을 때는 정직원들과 일하면서 인력 관리를 하고 있습니다. 그런데 이 건설사의 협력 업체 선정은 정직원 인원수로만 평가한다는 것입니다. 또한 실적 부분에서도 2013년에 계약한 계약서를 기준으로 평가하고 있었습니다.

그런데 안타깝게도 2013년에 작업한 것 중 계약 일자가 2012년인 프로젝트가 몇 개 있었습니다. 더군다나 계약서가 없는 프로젝트까지 있어서 매우 불리한 상황이었습니다. 그때 사탄이 제게 넣어준 생각은 '계약서 날짜를 변경해서 다시 받으라'는 것이었고, 하나님께서 제게 주신 생각은 '효진아, 정직하게 하거라'였습니다. 저는 사탄이 주는 생각을 예수님의 이름으로 물리치며 하나님의 말씀을 '아멘'으로 받았습니다.

하나님께서 저를 예인건축연구소의 청지기로 삼으시면서 주신 말씀이 있습니다. 그것은 신명기 28장 말씀입니다. 저는 그 말씀을 항상 마음에 새기고 잊지 않기 위해 회사의 제 책상 앞에 붙여놓고 늘 보고 있습니다. 마음이 흔들릴 때마다 말씀을 묵상하고 다시 하나님 앞으로 나아갑니다.

네가 네 하나님 여호와의 말씀을 삼가 듣고 내가 오늘 네게 명령하는 그의 모든 명령을 지켜 행하면 네 하나님 여호와께서 너를 세계 모든 민족 위에 뛰어나게 하실 것이라 네가 네 하나님 여호와의 말씀을 청종하면 이 모든 복이 네게 임하며 네게 이르리니 성읍에서도 복을 받고 들에서도 복을 받을 것이며 네 몸의 자녀와 네 토지의 소산과 네 짐승의 새끼와 소와 양의 새끼가 복을 받을 것이며 네 광주리와 떡 반죽 그릇이 복을 받을 것이며 네가 들어와도 복을 받고 나가도 복을 받을 것이니라
여호와께서 너를 대적하기 위해 일어난 적군들을 네 앞에서 패하게 하시리라 그들이 한 길로 너를 치러 들어왔으나 네 앞에서 일곱 길로 도망하리라 여호와께서 명령하사 네 창고와 네 손으로 하는 모든 일에 복을 내리시고 네 하나님 여호와께서 네게 주시는 땅에서 네게 복을 주실 것이며 여호와께서 네게 맹세하신 대로 너를 세워 자기의 성민이 되게 하시리니 이는 네가 네 하나님 여호와의 명령을 지켜 그 길로 행

할 것임이니라 땅의 모든 백성이 여호와의 이름이 너를 위하여 불리는 것을 보고 너를 두려워하리라

여호와께서 네게 주리라고 네 조상들에게 맹세하신 땅에서 네게 복을 주사 네 몸의 소생과 가축의 새끼와 토지의 소산을 많게 하시며 여호와께서 너를 위하여 하늘의 아름다운 보고를 여시사 네 땅에 때를 따라 비를 내리시고 네 손으로 하는 모든 일에 복을 주시리니 네가 많은 민족에게 꾸어줄지라도 너는 꾸지 아니할 것이요 여호와께서 너를 머리가 되고 꼬리가 되지 않게 하시며 위에만 있고 아래에 있지 않게 하시리니

오직 너는 내가 오늘 네게 명령하는 네 하나님 여호와의 명령을 듣고 지켜 행하며 내가 오늘 너희에게 명령하는 그 말씀을 떠나 좌로나 우로나 치우치지 아니하고 다른 신을 따라 섬기지 아니하면 이와 같으리라 신 28:1-14

15절부터는 하나님의 말씀을 지키지 않았을 때 받는 저주의 내용이 나옵니다. 말씀에 순종하는 것은 하나님을 기쁘시게 함과 동시에 저를 지키기 위해 정말 중요합니다. 순종은 해도 되고 안 해도 되는 것이 아닙니다. 하나님을 두려워해서 하는 순종이라기보다는 하나님의 사랑에 이끌려서 하는 순종이야말로 하나님을 영화롭게 합니다.

사업을 하다보면 선택의 순간들이 참 많습니다. 그럴 때마다 제 마음을 지키려고 노력합니다. 하나님의 뜻대로 사업을 하게 해달라고 간절히 기도합니다. 한번 타협하면 더 큰 유혹이 왔을 때 넘어가게 될 것입니다. 이번에도 타협하지 않고 건설사에서 요구하는 기준에 맞게 정직하게 기입해서 제출했습니다. 설계 인원도 정직하게 적어서 냈습니다.

프레젠테이션 당일, 저는 믿음이 좋은 두 명의 직원과 함께 갔습니다. 직원들에게는 제가 프레젠테이션을 하는 동안 중보해달라고 부탁했습니다. 모세가 두 손을 들고 기도할 때는 여호수아가 이겼지만 기도의 손이 내려왔을 때는 졌다는 말씀이 생각났습니다. 중보기도에 따라 전쟁의 승패가 결정된다면 프레젠테이션에서도 임원들의 마음을 움직이는 기도가 있어야겠다고 생각했습니다. 당선 결과는 한 달 정도 후에 나왔습니다.

국내 인테리어 설계 부문 상위 10위권에 들어가는 회사들이 경쟁하는 입찰이었습니다. 저는 10위권 안에 들어간 것만으로도 감사했습니다. 그런데 프레젠테이션의 결과 예인건축연구소가 협력 업체로 등록이 되었습니다. 정말 놀라운 결과였습니다. 디자인 점수로는 1등이지만 회사 규모의 점수까지 합산해서 2위로 당선되었다는 것을 나중에 알게 되었습니다. 협력 업체로 등록되어 건설사의 설계 담당자와 미팅을 하게 되었습니다. 담당자가 말했습니다.

"소장님, 어떻게 협력 업체로 등록되셨어요? 협력 업체로 등록되는 게 무척 어렵거든요. 전생에 누군가가 소장님을 위해서 기도했었나 봐요."

"아니에요. 하나님께서 해주셨어요!"

저는 회사에서 함께 일하시는 하나님을 늘 느낍니다. 디자인 할 때도 영감을 주시고, 중요한 결정의 순간에도 조언을 해주십니다.

한번은 또 다른 건설사에서 중요한 프레젠테이션이 있었습니다. 이 회사는 디자인 점수 60점에 설계비 점수 40점을 총점으로 평가했습니다. 그때마다 설계비를 제안하는데 최근에는 경기가 어려워지면서 최저가로 입찰에 참여하는 회사들이 많아졌습니다. 아무래도 금액을 낮게 책정하여 제출하면 설계에서 높은 점수를 받지 못해도 당선될 수 있기 때문입니다. 이런 경향 때문에 저도 설계비를 낮게 책정해야겠다고 생각했습니다.

'하나님, 설계비를 얼마로 적어 낼까요?'

'싸게 내지 말거라.'

'그런데 비싸게 내면 떨어져요.'

'내가 도울 것이니 싸게 적지 말거라.'

하나님의 음성이라는 확신이 서질 않았습니다. 저는 다시 성령님을 초청하는 시간을 갖고 그분의 음성에 귀 기울였습니다.

'하나님, 말씀으로 이야기해주세요.'

'기드온의 삼백 용사를 생각해보거라. 설계비를 싸게 내서 당선되면 내가 영광을 받을 수 없다. 딸아, 이 일을 통해 내가 영광받기를 원한다.'

그 음성에 귀 기울이는 시간에 하나님의 임재가 저를 따뜻하게 감싸는 게 느껴졌습니다. 제 생각은 설계비를 낮게 내야 당선될 거라는 것이지만 하나님의 생각과 계획은 달랐습니다.

마치 제 생각은 1만2천 명의 용사를 거느린 기드온과 같았습니다. 기드온이 전쟁에 나갈 때 처음에는 1만2천 명이었습니다. 용사가 많아야 승리하리라는 인간적인 생각이었습니다. 많은 용사로 승리하고 나서 스스로 자랑할까 염려하여 하나님은 300명으로 줄이셨습니다.

여호와께서 기드온에게 이르시되 너를 따르는 백성이 너무 많은즉 내가 그들의 손에 미디안 사람을 넘겨주지 아니하리니 이는 이스라엘이 나를 거슬러 스스로 자랑하기를 내 손이 나를 구원하였다 할까 함이니라 삿 7:2

상대편인 미디안의 용사는 마치 해변의 모래와 같이 많았다고 기록하고 있습니다. 하나님께서 제게 이것을 말씀하고 계셨습니다. 그래서 경쟁사를 바라보지 않고 하나님의 말씀에 순종함으로 설계비를 제출했습니다. 하나님의 말씀에 순종한 결과는 늘 백전백승이 었습니다.

제가 가장 주의해야 할 것은 언제나 제 자신입니다. 제 생각대로 행동하고 결정하는 게 가장 두렵습니다. 한두 번 타협하고 제 마음 대로 결정한다면 하나님께서는 더 이상 관여하지 않으실 것입니다.

내 뜻대로 하는 사업, 그것은 마치 풍전등화(風前燈火)와도 같습 니다. 한치 앞도 내다볼 수 없는 인생인데 내 뜻대로 결정하는 것처 럼 어리석은 일은 없을 것입니다. 지금까지 설계비를 싸게 내지 말 라고 하신 적은 두 번이었습니다. 그때마다 모두 1등으로 당선되었 습니다. 설계비를 하나님께서 말씀하신 대로 높게 책정하여 냈는데 도 당선된 것입니다.

예수님께서 경영하시는 기업은 그분이 책임져주십니다. 그러나 내 가 경영하는 기업은 내가 책임져야 할 것입니다. 가정도 마찬가지입 니다. '예수님께서 경영하시는 가정이 될 것인가, 내가 경영하는 가 정이 될 것인가'를 선택해야 합니다. 예수님께서 경영하시는 가정과 기업은 포도나무에서 열리는 달콤하고 맛있는 포도를 먹게 될 것입 니다. 반대로 내가 경영하는 가정과 기업은 쓴 열매를 먹게 될 것입 니다.

나는 포도나무요 너희는 가지라 그가 내 안에, 내가 그 안에 거하면 사람이 열매를 많이 맺나니 나를 떠나서는 너희가 아무것도 할 수 없음이라 요 15:5

저는 이런 순간마다 무척 떨립니다. 하나님의 기적을 많이 체험했지만 매번 긴장하게 됩니다. 하나님의 말씀에 순종하는 삶은 기대감으로 가득한 삶입니다. 순종했을 때 그분이 놀라운 방법으로 일하시는 것을 볼 수 있기 때문입니다.

제가 할 일은 오직 하나님의 말씀에 귀 기울이고 순종함으로 영광을 올려드리는 일밖에 없습니다. 그것은 하나님의 기쁨이고 또한 제 기쁨이기 때문입니다.

성령님과 동행하는 삶

저는 2008년에 성령님을 만났습니다. 그분과 동행한 지도 8년째입니다. 그전에도 저는 하나님을 믿었고 말씀대로 살려고 노력했지만 삶의 어떤 열매나 기쁨은 없었습니다. 제 안에서 살아 계신 하나님이 느껴지지 않았습니다. 단지 저 멀리 하늘나라에 계신 분으로만 여겨졌습니다. 그래서 제 안에 빨리 죽어서 천국에 가고 싶다는 소망만 있었습니다.

이 땅의 삶이 정말 고달프고 힘들었기 때문입니다. 미래에 대한 어떤 소망이나 희망도 없이 생명이 붙어 있기 때문에 어쩔 수 없이 살아갔습니다. "생명을 다해 하나님을 사랑하라"라는 말씀은 제게는 단지 문자적인 말씀에 불과했습니다.

죄를 지으면 죄책감에 시달리고, 그러지 말아야지 결심하지만 또 반복해서 짓는 제 자신이 미웠던 적도 많았습니다. 무늬만 크리스천이고 속은 비어 있는 삶이었고, 경건의 모양은 있지만 경건의 능력은 없었습니다. 지금 생각하면 그때의 모습이 참 부끄럽습니다.

2008년 2월 25일, 그런 제 삶 가운데 성령님께서 오셨습니다. 그런데 제 삶에 아무런 변화가 없었다면 그것은 아마도 정말 살아 계신 하나님을 만난 것이 아니었을 것입니다.

전능하시고 무소부재하신 하나님께서 제 삶을 이끌어가시는데, 이전과 동일하게 열매가 없다면 진정으로 성령님을 만난 게 아닐 것입니다. 성령께서 나를 완전히 이끌어가도록 자아를 십자가에 못 박지 못한 것입니다.

사랑하는 연인을 만나도 우리의 행동과 말은 금세 달라집니다. 그에게 잘 보이기 위해 더 예쁘게 가꾸고 그를 기쁘게 하기 위해 최선을 다합니다. 내 물질과 마음은 온통 그에게로 향하게 됩니다.

그런데 예수님께서 내게 오셨는데 아무 일도 일어나지 않는다는 것은 있을 수 없고 불가능하다는 생각이 듭니다. 예수님께서 그냥 오신 것도 아니고, 이천 년 전에 이미 내 모든 죄를 십자가에서 지시고 돌아가셨다는 사실 앞에서 어떤 감동도 없다면 그 십자가는 내 십자가가 아닌 것입니다.

저는 지금도 십자가를 묵상하면 눈물이 납니다. 예수께서 이천 년 전에 하늘로 가시면서 보내주신 보혜사 성령님, 그분이 제 삶을 아름답게 만들어가고 계십니다.

> 자기의 육체를 위하여 심는 자는 육체로부터 썩어질 것을 거두고 성령을 위하여 심는 자는 성령으로부터 영생을 거두리라 갈 6:8

성령님은 우리가 찾고 구하면 만나주십니다. 하나님께서는 약속하셨습니다. 저도 성령님을 간절히 구하는 중에 만났습니다. 저처럼 하나님의 임재가 강한 집회에서 만날 수도 있고, 기름부으심이 강한 사람의 기도를 통해서도 만날 수 있습니다. 혹은 개인기도 중에 성경을 읽다가도 만날 수 있습니다.

성령님을 간절히 구한다면 하나님께서 놀라운 방법으로 우리에게 주실 것입니다. 우리는 하나님의 방법을 제한할 수 없습니다. 구하는 자에게 하나님께서는 반드시 주실 것입니다.

사랑의 재능 기부

교회의 인테리어 문제로 커넥선교회의 전효실 사모님에게서 연락이 왔습니다. 저는 약속 장소에 조금 일찍 도착해서 사모님을 기다리며 기도하고 있었습니다. 그때 하나님께서 사모님을 향한 긍휼과 사랑의 마음을 부어주셨습니다.

'내가 사랑하는 딸이다. 지금 눈물의 골짜기를 지나고 있구나. 염려하지 말라고 전해주거라.'

평소 친분이 있는 것도 아니었고 인사 정도만 했던 사이었지만 하나님께서 사랑의 마음을 부어주셔서인지 만나자마자 무척 친근한 느낌이 들었습니다. 사모님은 선교의 비전이 있어서 주중에는 선교 카페로 운영하고, 주일에는 예배를 드리는 교회를 꿈꾸고 있었습니다.

사모님을 만나고 집으로 돌아오면서 설계를 재능 기부하여 하나님께 올려드리고 싶다는 생각이 들었습니다. 그래서 설계를 진행하기로 결정했습니다. 그런데 설계가 어느 정도 마무리 되고 공사를 시작하려고 하는데, 교회 예산이 별로 없다는 것을 알게 되었습니다. 안타까운 마음이 들어 함께 중보하기 시작했습니다.

어느 날 밤 기도를 하는데 하나님께서 헌금에 대한 부담감을 주셨습니다.

'네가 주어라.'

평소에 하나님께서 말씀하시면 '즉각 순종'하자는 생각이 있었습니다. 순종을 뒤로 미루면 점점 더 하기 어려워지기 때문입니다. 원래는 헌금할 때 남편과 상의하고 하는데, 이번에는 적금을 해약해서 헌금을 해야 하는 상황이어서 미리 상의를 하지 못하고 바로 1,000만 원을 헌금했습니다.

'이해해주겠지' 하는 마음으로 나중에 조심스럽게 이야기를 꺼냈는데 남편이 매우 서운해했습니다. 제 행동이 지혜롭지 못했다는 것을 깨달았습니다. 평소에 남편이 제 의견을 워낙 존중해주기에 큰 문제가 없을 거라고 단순하게 생각했던 것입니다.

아마 미리 상의했더라면 하나님께서 남편에게 동일한 마음을 주셨을 것입니다. 그런데 '즉각 순종'이라는 제 믿음의 틀 안에서 남편도 이것을 따라야 한다는 교만한 마음이 있었던 것 같습니다. 하나님께서는 남편을 머리로 세우셨고, 최종 결정권자인 주님께서 우리 부부에게 동일한 마음을 주실 때까지 기다리지 못한 제 어리석음을 보게 되었습니다.

예전에도 은혜를 받고 어떤 사람에게 돈을 주었다가 사기를 당한 적이 있어서 남편은 제가 또 상처받을까 봐 좀 더 신중하게 행동하기를 바라던 터였습니다. 마음이 넓은 남편은 다음 날, 제게 이런 문자를 보냈습니다.

'효진씨, 그 돈은 어차피 하나님께 헌물한 것이니 하나님 앞에 요

긴하게 쓰이길 기도해요. 그러나 다음부터는 좀 더 침착하게 결정했으면 좋겠어요.'

이런 남편이 제 곁에 있어서 참 든든했습니다. 하나님께서 급한 성격의 제게 신중한 남편을 허락하시어 서로 보완이 되게 하셨다는 생각이 들었습니다.

설계와 공사가 진행되면서 선교 카페가 아름답게 완성되기를 중보했습니다. 그런데 공사가 마무리되어 가는데도 주방 기기와 가전제품이 설치되지 않았습니다. 이대로는 카페로 운영하기 어려운 상황이었습니다. '교회에 재정이 부족한가보다'라는 안타까운 마음이 들었습니다. 예수님의 피로 사신 바 된 성전이 재정이 부족해서 완성되지 못한다는 게 제 마음을 아프게 했습니다. '내 눈에 먼저 보이니까 내가 해야겠다'라는 마음에 주방에 채워지지 않은 기기 일체를 기부하기로 했습니다.

"사모님, 주방 기기는 저희 회사에서 기부할게요."

"아니에요, 지금까지 도와주신 것만으로 충분해요."

"채워지지 않은 부분이 자꾸 눈에 보여서요. 눈에 보이는 사람이 먼저 섬겨야죠."

"그렇게 눈에 자주 보여서 어떡해요?"

"눈에 보여서 감사해요, 사모님."

통화를 하는데 사모님의 목이 메는 목소리가 눈물을 참고 있는 것 같았습니다. 저도 눈물이 나오려는 것을 간신히 참았습니다. 통화를 마치고 저를 하나님의 축복의 통로로 사용해주신 것이 감격스러워 한참을 울었습니다.

하나님과 하톡하세요

사랑은 표현할 때 더 커지고 더 사랑하게 되는 것 같습니다. 우리 부부는 가끔 둘만의 언어로 사랑을 표현하는데 남들이 들으면 참 유치한 대화입니다. 그런데 사랑은 원래 유치한 것 같습니다. 격식도 없는 것 같습니다. 남자들은 대체로 "꼭 말로 표현해야 하나"라고 말하지만 표현을 하지 않으면 상대방은 정말 알 길이 없습니다. 아내들은 남편의 "사랑해", 이 한마디만으로도 하루 종일 행복한 미소를 입가에 지으며 지낼 수 있습니다. 사랑 표현을 자주하지 않는 남편에게서 듣는 그의 한마디는 아내를 펑펑 울게 할 수도 있을 것입니다.

남편이 장신대 3학년 때 사경회 강사로 오신 유기성 목사님의 말씀을 제게 나누어준 적이 있었습니다. 이 말씀이 '중년 부부들의 현주소가 아닐까'라는 생각이 들었습니다.

목사님은 설교 주제가 '사랑'이라 묵상하시면서 그동안 아내에게

"사랑해"라는 말을 한 번도 해주지 않은 게 생각나셨다고 합니다. 말씀을 전하기에 앞서 목사님이 먼저 실천해야겠다는 생각이 들었다고 합니다. 그런데 문제는 하도 표현을 안 하다보니 부끄러워서 표현하기가 어려우셨다는 것입니다. 그래서 사모님의 얼굴을 쳐다보지 않고 "여보, 사랑해"라고 하셨는데, 그 말에 사모님은 눈물을 흘리셨다고 합니다.

평소에 사랑 표현을 잘 하지 않으면 하고 싶어도 쑥스러워서 잘하지 못하게 됩니다. 표현할 수 있을 때 마음껏 표현하면 좋을 것 같습니다. 모든 것이 불확실한 이 시대에 언제든지 우리는 하나님께서 부르시면 하늘나라에 가야 합니다. 사랑한다고 말하고 싶어도 말할 수 없을 때가 올 것입니다. 지금 이 시간이 마지막일 수도 있습니다.

저는 엄마를 갑자기 교통사고로 잃고 나서 더 이상 엄마에게 "사랑해"라고 하지 못하는 게 가장 가슴이 아팠습니다. 그래서 하나님께는 제가 할 수 있는 모든 사랑의 표현을 해드리려고 합니다.

하나님과의 친밀함 가운데 남들이 들으면 어색해 할 대화를 나눌 때가 많습니다. 또한 하나님 아빠도 제게 사랑이 가득 담긴 '하톡'(하나님 음성)을 보내주시곤 하십니다. 그 소중한 내용을 보관했다가 가끔 꺼내봅니다.

우리 아가, 어여쁜 아가야.

네가 참으로 아름답고 어여쁘구나.

네 아름다운 미소에 내가 취하고

네 아름다운 외모에 내가 반하나니

너는 내가 창조한 여인 중에 아름다운 여인이구나.

네 아름다움이 나의 아름다움이니

너는 나의 형상을 닮은 자로다.

네게 임한 내 빛이 너를 덮으리니 너는 내 빛이라.

내 영광을 나타내는 자로구나.

이것이 저를 향한 하늘 아빠의 사랑 표현입니다. 하나님은 끊임없이 제게 사랑한다고 말씀해주십니다. 제 안에서 흘러나오는 아빠를 향한 사랑 고백은 제가 먼저 한다기보다는 아빠가 먼저 말씀해주시는 경우가 많습니다. 이런 사랑에 저는 화답을 안 할 수가 없습니다.

첫 책을 출간하고 나서 간증 집회 요청이 들어오기 시작했습니다. 첫 간증을 마쳤는데 강사료를 주시기에 깜짝 놀랐습니다. 사랑에 빚진 자로서 빚을 갚으려고 오는데 돈을 주시니 처음에는 많이 당황스러웠습니다. 하나님께서는 거저 받았으니 거저 주라고 하셨는데, 받아야 하나 말아야 하나로 고민할 수밖에 없었습니다.

그래서 첫 강사료는 저를 '미스 헤븐'이 되게 해주신 손기철 장로님(HTM 대표)께 드렸습니다. 장로님은 그것을 바로 HTM의 헌금함에 넣으셨습니다. 저는 집회마다 주시는 강사료를 어떻게 써야 하는지 하나님께 기도하며 사용하기로 결정했습니다. 어떤 경우에는 '받지 말아라'라고 말씀하시기도 하고, 어떤 때는 수련회에 돈이 없어서 참석하지 못하는 사람에게 주라고도 하십니다. 특별히 말씀이 없으실 때는 헌금을 하기도 하고, 개척교회에 보내기도 합니다.

최근에도 한 교회의 금요철야예배에 다녀오고 강사료를 받았습니다.

'하나님, 어디에 쓸까요?'

특별한 응답이 없으시기에 가방에 넣고 다녔습니다. 당시 제가 설계비를 받지 않고 도와주는 프로젝트가 있었는데, 현장소장님이 기름값이나 하라며 100만 원을 주신 게 있었습니다. 하나님께서 쓰라고 하실 때 써야겠다는 생각으로 그 돈과 합쳐 봉투에 넣어 가지고 다녔습니다.

그리고 며칠 후에 기아대책을 통해 알게 된 한 선교사님을 만나게 되었습니다. 필리핀에서 사역하시는 그 분은 후원으로 잘 훈련된 필리핀 아이들이 스무 살이 넘어 지원이 끊기면서 나쁜 길로 가는 경우가 종종 있다는 말씀을 하셨습니다. 선교사님은 그런 아이들을 대학에 보내는 게 꿈이라고 하시면서 자신의 생활비를 보태서 등록금을 마련하기도 한다는 이야기를 하셨습니다.

순간 제 머릿속에는 가방 안에 있는 돈이 떠올랐습니다. 그리고 성령께서 제 마음을 두드리기 시작하셨습니다. 그래서 얼른 봉투를 꺼내서 선교사님께 드렸습니다.

"선교사님, 아이들의 등록금에 보태주세요."

"아이구~ 감사합니다. 재정보고서를 메일로 보내드릴게요."

"저한테는 안 보내주셔도 돼요. 하나님께서 주신 거라서요."

봉투를 전해드리는데 갑자기 눈물이 나오려는 것을 꾹 참았습니다. 꼭 그런 순간이면 하나님께서 사랑을 부어주셔서 눈물이 흐르려고 합니다. 주는 자가 복되다고 하신 것처럼 주면 줄수록 먼저 제 안에 채워주시는 하나님의 사랑이 저를 울게 만드십니다.

하나님의 사랑 앞에서 눈물을 흘릴 수 있다는 게 큰 축복인 것 같습니다. 그래서 저는 이 눈물을 거두어가지 말아달라고 늘 기도합니다. 하나님나라에 가는 그날까지 할머니가 되어도 하나님 아빠의 사랑에 감격하여 눈물을 흘릴 수 있는 사람이 되고 싶습니다.

내 사랑과 은총을 입은 자

사랑스럽고 어여쁜 내 사랑과 은총을 입은 자야

네 기도에 기쁨을 이기지 못하여
내가 너를 불렀구나

내 아름다움으로 너를 채울 것이고
내 기쁨으로 네게 충만하게 하리라

내 사랑하는 신부, 내 어여쁜 자야
일어나 나와 함께 가자구나

너와 함께 걸어감이 내 기쁨이고
너와 함께 대화함이 내 즐거움이구나

나를 영화롭게 하는 어여쁜 딸아
너를 향한 내 사랑을 어찌 말로 표현하겠느냐

내 사랑은 태양같이 뜨겁고 불길같이 강하구나
세상의 사랑과 같지 않고 다함이 없구나

그 길이 준비되었고
그 길은 아름답고 아름다운 길이로구나

사랑한다, 내 신부야!

네 약함이 축복이라

초판 1쇄 발행	2015년 2월 23일
초판 6쇄 발행	2018년 3월 30일

지은이	이효진

펴낸이	여진구		
책임편집	김아진		
편집	안수경, 이영주, 최현수, 김윤향, 배정아		
디자인	마영애, 노지현		
기획·홍보	김영하	**해외저작권**	기은혜
마케팅	김상순, 강성민, 허병용	**마케팅지원**	최영배, 정나영
제작	조영석, 정도봉	**경영지원**	김혜경, 김경희

이슬비전도학교	최경식	**303비전성경암송학교**	박정숙
303비전장학회 & 303비전꿈나무장학회	여운학		

펴낸곳   규장

주소 06770 서울시 서초구 매헌로 16길 20(양재2동) 규장선교센터
전화 02)578-0003   **팩스** 02)578-7332
이메일 kyujang0691@gmail.com   **홈페이지** www.kyujang.com
페이스북 facebook.com/kyujangbook   **인스타그램** instagram.com/kyujang_com
카카오스토리 story.kakao.com/kyujangbook
등록일 1978.8.14. 제1-22

책값 뒤표지에 있습니다.
ISBN 978-89-6097-393-0 03230

규 | 장 | 수 | 칙

1. 기도로 기획하고 기도로 제작한다.
2. 오직 그리스도의 성품을 사모하는 독자가 원하고 필요로 하는 책만을 출판한다.
3. 한 활자 한 문장에 온 정성을 쏟는다.
4. 성실과 정확을 생명으로 삼고 일한다.
5. 긍정적이며 적극적인 신앙과 신행일치에의 안내자의 사명을 다한다.
6. 충고와 조언을 항상 감사로 경청한다.
7. 지상목표는 문서선교에 있다.

하나님을 사랑하는 자 곧 그의 뜻대로 부르심을 입은 자들에게는 모든 것이 合力하여 善을 이루느니라(롬 8:28)

Member of the
Evangelical Christian
Publishers Association

규장은 문서를 통해 복음전파와 신앙교육에 주력하는 국제적 출판사들의 협의체인 복음주의출판협회(E.C.P.A:Evangelical Christian Publishers Association)의 출판정신에 동참하는 회원(Associate Member)입니다.